交通职业素质教育教材

法律基础

戴敦明　主编
周新启　主审

人民交通出版社
China Communications Press

内 容 提 要

本书是交通职业素质教育教材，由浙江省交通教育研究会组织编写。

本书主要内容包括：法律基础知识、宪法基本知识、民法基本知识、刑法基本知识、治安管理处罚法基本知识、经济法基本知识、行政法基本知识、公路法与道路交通安全法基本知识。本书更多地考虑学生的实际学习能力，力求用通俗、简洁的语言表述。每章前有教学要求，章后有思考题，以方便教师教学与学生掌握。

本书可作为全国交通中等职业学校、技工学校、技师学院教学参考书，也可作为职工培训和自学参考使用。

图书在版编目(CIP)数据

法律基础/戴敦明主编. --北京：人民交通出版社，2007.8

ISBN 978-7-114-06765-5

Ⅰ. 法… Ⅱ. 戴… Ⅲ. 法律－基本知识－中国 Ⅳ. D92

中国版本图书馆 CIP 数据核字(2007)第 128851 号

书　　名：法律基础
著 作 者：戴敦明
责任编辑：袁　方
出版发行：人民交通出版社
地　　址：(100011) 北京市朝阳区安定门外外馆斜街 3 号
网　　址：http://www.ccpress.com.cn
销售电话：(010) 59757969，59757973
总 经 销：人民交通出版社发行部
经　　销：各地新华书店
印　　刷：北京市密东印刷有限公司
开　　本：720×960　1/16
印　　张：9.5
字　　数：176 千
版　　次：2007 年 8 月　第 1 版
印　　次：2012 年 9 月　第 2 次印刷
书　　号：ISBN 978-7-114-06765-5
定　　价：17.00 元

前言

QIANYAN

为贯彻落实《国务院关于大力发展职业教育的决定》的精神，近年来，各地教育部门认真调整高中阶段教育结构，重点发展中等职业教育，不断扩大中等职业学校招生规模，2006 年招生总量达到近 750 万人，2007 年将达到 800 万人。交通职业教育也呈现出前所未有的发展势头，布局结构日趋合理：办学规模进一步扩大，办学条件普遍改善，教育质量不断提高，已基本形成了每个省、自治区、直辖市有一所交通高等职业院校、若干所交通中等职业院校的合理布局，在校生人数和毕业生人数持续增长，为交通事业培养了一大批应用型技术技能型人才。

中等职业院校、技工学校的学生，经历了九年制义务教育。在时代呼唤素质教育的今天，他们或者因为找不到学习的目的所在，或者因为所学习的内容过于繁杂，对语文、数学、物理这些基础课总是提不起兴趣，对法律、体育卫生、就业指导、生产生活安全这些必备知识，又止步于浩繁书海前，望而生畏、望洋兴叹。

让学生能从自身的实际出发，确立明确的学习目的；让学生在打开教材时就觉得它通俗易懂，甚至没有教师的指点也能知晓教材中蕴藏的是什么宝藏；让学生在学习的成功中提起学习兴趣，从而不再厌学……。抱着这样的想法，浙江省交通教育研究会于 2007 年初组织浙江交通技师学院、山西交通技师学院等 6 所院校一线教师编写了交通职业素质教育系列教材。

本套教材贯彻“以服务为宗旨，以就业为导向，以能力为本位”的职教理念，从适应性方面充分考虑学生原有知识基础，降低理论知识难度，强化技能培养。内容上力求贴近行业、贴近专业、贴近学生，追求学生“想学、能学、乐学、会学”的教学效果；突出知识应用的教学，并融入专业案例，创造文化基础课的吸引性；注重与后续专业课程进行有序衔接，强调教学内容的实用性和针对性，主动配合专业技术教学，努力满足专业技术教学的需要，渗透专业气氛。无论是范文、案例、习题等都尽可能与专业相关，让学生在文化课学习中，受到专业熏陶，开阔专业视野，增进专业感性认识，热爱专业，学好专业，以至开拓专业，创新专业，从而达到为交通行业培养专业人才的目标。

《法律基础》是交通职业素质教育教材之一，编写分工为：杭州技师学院戴敦明（第一、七、八章），杭州技师学院周孝君（第二、六章），湖州交通学校陈翔（第三、四、五章）。教材由杭州技师学院戴敦明主编，浙江交通技师学院周新启主审。

限于编者的编写时间与水平，教材内容肯定存在不完善的地方，希望交通类相关院校师生在使用过程中多提宝贵意见，便于再版时修改完善。

浙江省交通教育研究会

2007 年 7 月 15 日

目录

MULU

第一章　绪　　论

1. 了解法律的渊源；
2. 掌握法律的分类、特征、本质和作用；
3. 了解我国的法律体系；
4. 掌握我国依法治国方针的提出和我国法律的实施。

第一节　法律的分类和特征

一、法律的分类

1. 法的形式

法的形式常称为“法的渊源”，是指那些因来源不同（制定法与非制定法、立法机关制定与政府制定，等等）而具有法的不同效力意义和作用的法的外在表现形式。

我国社会主义法律的渊源，主要包括：

（1）最高国家权力机关即全国人民代表大会制定的宪法。

（2）全国人民代表大会和全国人大常委会制定的法律。

（3）最高国家行政机关即国务院制定的行政法规和国务院各部委制定的行政规章。

（4）省（市）级地方国家权力机关即省（市）级地方人民代表大会及其常委会，省（市）、自治区的人民政府所在地的市和经国务院批准的较大的市级人民代表大会及其常委会制定的地方性法规，省级地方国家行政机关即省（市）级地方人民政府，省（市）、自治区的人民政府所在地的市和经国务院批准的较大的市级人民政府制定的规章。

（5）民族自治地方制定的自治条例和单行条例。

（6）特别行政区制定的法律和法规。

（7）经济特区制定的法规。

（8）军事委员会制定的军事法规。

(9)国际公约(国际公约不属于国内法的范畴,但我国签订和加入的国际公约对于国内的国家机关、社会团体、企事业单位和自然人有约束力。因此,就其具有与国内法同样的拘束力而言,这些公约也是我国法的渊源)。由于制定它们的国家机关的等级不同,所以其法律地位或效力就呈现出层级的区别。

2. 法律的其他分类

法律按不同的标准或角度,还可以进行如下分类:

(1)国内法和国际法。按照制定和实施法律主体的不同,可以划分为国际法和国内法。作为国际法律关系主体的国家(或地区)之间制定和实施的法律为国际法;一个国家(或地区)制定并在该国(或地区)实施的法律为国内法。

(2)根本法和普通法。按照规定的内容、法律地位和制定的程序不同,可以划分为根本法和普通法。规定国家和社会根本制度、公民的基本权利和义务以及国家机关组织和活动的基本原则,具有最高法律地位,制定需要特别程序的法律为根本法;其他的为普通法。

(3)一般法和特别法。按照适用范围的不同,可以划分为一般法和特别法。适用于一般的法律关系主体、通常时间、国家管辖的所有地区的法律为一般法;适用于特别的法律关系主体、特别时间、特别地区的法律为特别法。如《中华人民共和国刑法》是一般法,而《中华人民共和国澳门特别行政区驻军法》是特别法。

(4)实体法和程序法。按照规定的内容的不同,可以划分为实体法和程序法(又称诉讼法)。规定的是主要权利和义务的法律为实体法;规定主要权利和义务得以实施的法律为程序法。如《中华人民共和国消费者权益保护法》是实体法,而《中华人民共和国民事诉讼法》是程序法。

(5)成文法和习惯法。按照制定和表达的方式不同,可以划分为成文法和习惯法(又称不成文法)。国家机关制定的、以文字形式表达的法律为成文法;由国家认可的习惯为习惯法。

以上是世界上普遍适用的法的分类,还有只在某些国家或地区适用的分类。

3. 法律效力与法律冲突的解决

根据法律优先适用原则,在不同层级的法律规范之间发生冲突时,层级高的法律规范优先适用,层级低的法律规范服从层级高的法律规范。

(1)宪法具有最高法律效力,一切法律、行政法规、地方性法规、自治条例和单行条例、规章等都不得同宪法相抵触。

(2)法律的效力高于行政法规、地方性法规、规章。

(3)行政法规的效力高于地方性法规、规章。

(4)地方性法规的效力高于本级和下级地方政府规章。

(5)部门规章与部门规章、部门规章与地方政府规章具有同等效力，在各自的权限范围内施行。

(6)同一机关制定的法律、行政法规、地方性法规、自治条例和单行条例、规章，特别规定与一般规定不一致的，适用特别规定；新规定与旧规定不一致的，适用新规定。

(7)地方性法规与部门规章对同一事项的规定不一致、不能确定如何适用时，由国务院提出意见，国务院认为应当适用地方性法规的，应当决定在该地方适用地方性法规；认为应当适用部门规章的，应当提请全国人民代表大会常务委员会裁决。

(8)部门规章与部门规章、部门规章与地方政府规章对同一事项的规定不一致时，由国务院裁决。

二、我国的法律体系

法律体系是指一个国家里，按照一定的原则和标准划分的同类规范性法律文件所组成的法律部门而构成的一个有机联系的整体。中国特色的社会主义法律体系是以宪法为统帅、法律为主干，包括行政法规、地方性法规、自治条例和单行条例等规范性文件在内的协调统一的整体。目前，我国的法律体系尚属初步形成阶段，而中国特色社会主义法律体系最终形成的标准，是“每个法律部门的主要法律都要制定出来”。

我国现行的法律部门是指宪法及宪法相关法、民法商法、行政法、经济法、社会法、刑法、诉讼与非诉讼程序法。

1.宪法

作为部门法的宪法，是我国社会主义法律体系的基础和主导性的法律部门。作为宪法部门，除《中华人民共和国宪法》外，还有处于附属层次的法律，主要有国家机关组织法、选举法和代表法、特别行政区基本法、民族区域自治法、居民和村民自治法、法官法、检察官法、立法法和授权法等。

2.民法商法

民法是指调整平等主体的公民之间、法人之间、公民和法人之间的财产关系和人身关系的法律规范的总称。民法通则是民法中的主要规范性法律文件，此外，还有一系列单行的法律、法规。商法则是指调整商事法律关系主体和商业活动的法律规范的总称。调整的商事或商事行为，即企业组织和商业活动。属于商法的主要规范性法律文件有：公司法、证券法、保险法、担保法、期货交易法、海商法、破产法和贸易法等。

3. 行政法

行政法是指关于规范和调整国家行政关系的法律规范的总称。行政法主要包括关于行政管理体制、行政管理基本原则、行政机关活动的方式、方法、程序以及国家机关工作的法律规范。作为一个部门的行政法，是由许多个单行的法律、法规和规章以及其他规范性法律文件构成。

4. 经济法

经济法是调整宏观经济运行中的经济关系的法律规范的总称。我国经济法方面的法律主要有：关于国民经济和社会发展规划、计划和政策的法律，关于经济体制改革的原则、方针和政策的法律，预算法、审计法、会计法、农业法、企业法、银行法、市场秩序法、税法等。

5. 社会法

社会法是规定保护劳动者权益、提供社会保障以及对社会弱者予以救济的法律，主要包括调整社会主义劳动关系的劳动法、劳动就业法、职业培训法，以及社会保险法律制度、社会救济法律制度等。

6. 刑法

我国刑法是规定哪些行为是犯罪，以及对何种犯罪适用何种刑罚的法律规范的总称，主要包括《中华人民共和国刑法》和一些单行的刑事法律。

7. 诉讼与非诉讼程序法

诉讼与非诉讼程序法是规范因诉讼活动和非诉讼活动而产生的社会关系的法律，主要包括民事诉讼法、刑事诉讼法、行政诉讼法和仲裁等方面的法律。

三、法律的特征

法律的特征是指法律与上层建筑的其他组成部分（如社会道德规范、宗教规范等）相比较而体现出来的特殊性。法律存在着以下特征。

1. 法律是一种概括、普遍、严谨的行为规范

法律首先是指一种行为规范。法律的规范性在于它为人们的行为提供模式、标准、样式和方向。同时法律是人们从大量实际、具体的行为中高度抽象出来的一种行为模式，它的对象是一般的人，是反复适用多次的，不是针对特定的人和适用一次的。法律的普遍性指的是法律所提供的行为标准按照法律规定是所有公民一概适用的，不允许有法律规定之外的特殊，也即要求“法律面前人人平等”。

2. 法律是国家制定或认可的行为规范

国家制定或认可是指法律产生的两种方式。国家制定形成的是成文法，国家认可形成的通常是习惯法。道德、宗教和其他社会规范，一般都不是由国家直接来规定。法律是国家意志，它必须是代表国家的特定机关、按照特定的方式、表现为特定的法律文件形式才能成立。

3. 法律是确定人们在社会关系中的权利和义务的行为规范

法律的主要内容是由规定权利、义务的条文构成的，它通过规定人们在社会关系中的权利、义务来实现统治阶级的意志和要求，维持社会秩序。法律上的权利是指一定的主体（个人或组织）具有自己可以这样行为或要求其他人作某种行为的资格和能力；义务是指一定的主体必须这样行为或不这样行为的责任。

4. 法律是以国家强制力保障实施的行为规范

由于法律是一种国家意志，它的实施就由国家来保障。其他社会规范虽然也有一定的强制性（如道德主要依靠社会舆论的制约，习惯受到巨大习惯势力的制约），但这些制约都不同于国家的强制。国家强制力是以国家的强制机构（如军队、警察、法庭、监狱等）为后盾，对违法者采取国家强制措施。当然，一个国家法律的实施，从长远和根本上来说，主要不是依靠国家强制力，而是主要依靠人民的自觉遵守，尤其是社会主义国家更应如此。

第二节　法律的本质和作用

一、法律的本质

法律是国家意志，而国家是由统治阶级组成的，所以法律必然是统治阶级意志的体现。从法律的制定到法律的实施，都是由统治阶级掌握和参与的，所以法律就反映他们的意志，维护他们的利益。不过法律维护的是作为统治阶级整体的、长远的和根本的利益。在我国，社会主义制度已经确立，剥削制度和剥削阶级已经消灭。所以我国法律是中国工人阶级领导下的全国人民意志的体现。这种法律的根本任务是保障和促进我国社会主义现代化建设。

二、法律的作用

法律的作用是指法律对社会发生的影响。国家制定法律就是为了利用法律对社会发生影响。社会是由人们组成的，对社会发生影响就是对人的行为发生影响。法律的作用有两个方面，即法律的规范作用和法律的社会作用。

1. 法律的规范作用

（1）指引作用。指引作用的对象是本人的行为。法律规范可分为授权性规范和义务性规范两大类。这两类规范都体现了法律对每个人自己行为的指引。授权性规范是一种有选择的指引，即在这种规范中，法律容许人们自己来选择是否这样行为。义务性规范却是一种明确的指引，它告诉人们必须根据法律所指引的那样来行为。从立法目的来说，这两类规范中所包含的法律后果都是促使人们行为时所要考虑到的重要因素。有选择的指引（授权性规范），立法的目的是鼓励人们从事法律所容许的行为；相反的，明确的指引（义务性规范），立法的目的是防止人们作出违反法律指引的行为。

(2)教育作用。教育作用的对象是对一般人的行为。它是指通过法的实施而对一般人今后行为所发生的影响。有人因违法行为而受到制裁，固然对其他一般人有教育作用（严格地说，对那些企图违法的人来说，是一种警诫作用），反过来，人们的合法行为及其法律后果也同样对一般人的行为有重大示范作用。

(3)评价作用。评价作用的对象是其他人的行为。作为一种规范，法律有判断、衡量他人行为的评价作用。通过法律可以判断某个人的行为是合法还是违法（包括违反什么法、违反到什么程度等）。当然，仅仅根据法律来判断人的行为往往是不够的。这是因为，一般地说，法律只能作为判断人的行为是否合法的准则；同时，在社会生活中，人们行为的很多方面，由于各种原因，法律不去调整而由其他社会规范加以调整；再有，某种行为尽管并不违法，但并不一定等于合法。法律上不明确制止的行为，一般可以说是合法的行为，但法律对某些行为虽不明确制止，但也并不意味着法律就支持或保护这种行为。

(4)预测作用。指法律具有对于人们之间将要如何行为能够预料和估计。这种作用的对象是人们相互的行为。它的意思是：依靠法，人们可以预先估计到他们相互间将怎样行为，包括可以预先估计到社会舆论和国家机关对自己和他人的行为会有什么反应。

(5)强制作用。指法律具有的制裁和惩罚违法犯罪行为的作用。这种作用的对象是违法者的行为。法律的实施，当然主要靠社会大多数成员的自觉遵守，但是对于少数人来说，必要的制裁和惩罚是不可缺少的。如果违法犯罪行为得不到应有的制裁和惩罚，从一定意义上说，就是否定了合法行为，打击了守法的人们，那么正常的社会秩序就很难得到维持。

2. 法律的社会作用

(1)实现阶级统治的作用。这是法律社会作用的核心。国家制定法律的最重要目的就是通过法律来实现国家的统治职能，维护组成国家的阶级统治。阶级统治的内容包括政治的、经济的和思想文化的各个方面，其中，维护统治阶级掌握的国家政权是法律关键的社会作用。

(2)执行社会公共事务的作用。指法律对于关系整体社会,不分阶级、阶层、社会组织、集团和个人的事务,都一视同仁,同样有利的那种作用。比如,环境保护法、道路交通安全法等法律所起的作用,可以被认为主要是执行社会公共事务的作用。

法律的这两个方面的作用是密切联系,相辅相成,不能截然分开的。统治阶级通过法律执行社会公共事务的作用,从而达到维护其阶级统治的目的;法律没有执行社会公共事务的作用,法律的维护统治阶级的统治的作用就没法发生,那么统治阶级就不可能维持和存在。

我国社会主义法律的社会作用可以归结为:维护、促进和保障社会主义经济建设和经济体制改革,社会主义民主政治建设和政治体制改革,社会主义精神文明建设,社会主义对外开放和国际之间的正常交往。

法律与政策有什么异同?

第三节　我国社会主义法律的实施

一、依法治国

1."法制"与"法治"的关系

"法制",包括两种含义。一是指法律制度的统称,它以一种法律存在状态表明其和社会上的政治、经济、文化制度的区别。现代社会中重要的制度一般都有相应的法律规定,但"制度化"与"法律化"是有区别的,法律化固然是制度化,但并不是所有的制度都法律化。二是指民主的制度化和法律化,即表明它是以民主政治为内容的法律制度,通常人们将这个意义上的法律称之为现代意义的法制。因此,"法制"从这两种意义上看,它是静态的,注重的是立法,即使社会生活的各个方面都尽可能具有法律规范,做到有法可依。

"法治"一词,是历史上早就使用的一个概念,也具有两种意义。一是,指一种治国方略,即一个国家在多种社会控制手段面前选择以法律为主的手段进行控制。与这种治国方略相对的是"人治",即主要依靠所谓的圣君贤主治国。二是,指与君主专制根本对立的一种政治制度,即民主政治制度。它的基本含义是,法制必须以民主为社会条件和制度基础。

因此,法制与法治是紧密相连的。法制是法治的前提条件,没有法制就谈不上法治;但有了法制不一定就有法治,法治是法制立足点的归宿,法制的发展前途必然是最终实现法治。

2. “依法治国”方略的提出

“社会主义法制”的概念第一次出现在1978年党的十一届三中全会的公报中,该公报指出:“为了保障人民民主,必须加强社会主义法制,使民主制度化、法律化,使这种制度和法律具有稳定性、连续性和极大的权威性,做到有法可依、有法必依、执法必严、违法必究”。不仅从民主制度化、法律化的角度科学地界定了社会主义法制的内容,而且概括了社会主义法制的基本要求。

1996年2月8日,江泽民同志在党中央举办的法制讲座会上,发表了题为“依法治国,保障国家的长治久安”的重要讲话,此后在1997年9月12日党的十五大报告中又郑重地提出了“依法治国,建设社会主义法治国家”的任务,并进而把“依法治国”提到了“党领导人民治理国家的基本方略”的高度。从健全社会主义法制到提出“建设社会主义法治国家”,表明了我国治国原则和方针的变化。

3. 依法治国的含义和意义

依法治国,就是广大人民群众在党的领导下,按照宪法和法律的规定,通过各种途径和形式管理国家事务,管理经济文化事业,管理社会事务,保证国家各项工作都依法进行,逐步实现社会主义民主的制度化、法律化。其具体含义为:

(1)依法治国的主体是广大人民群众。

(2)依法治国的客体是国家事务、经济文化事务和社会事务。

(3)依法治国的依据是宪法和法律。

(4)依法治国的目标是保证国家各项工作都依法进行,实现社会主义民主的制度化、法律化。

(5)依法治国的方式是人民群众在党的领导下,依法通过各种途径和方式治理国家,确保依法治国沿着正确的方向进行。

党的十五大报告指出:“依法治国是党领导人民治理国家的基本方略,是发展社会主义市场经济的客观需要,是社会文明进步的重要标志,是国家长治久安的重要保障,是从制度上和法律上保证党的基本路线和基本方针的贯彻实施,是保证党始终发挥总揽全局、协调各方的领导核心作用的根本。”其重要意义在于:

第一,只有坚持依法治国的基本方略,才能促进社会主义市场经济的发展,保障党在社会主义初级阶段经济纲领的实现。市场经济是法治经济,只有通过法律对其进行规范、引导、制约和保障,发挥法律的宏观调控作用,才能维护交易秩序、界定产权、调整经济主体行为、合理配置资源等,从而推动生产力发展,不断改变我国生产力落后的状况。

第二，只有坚持依法治国的基本方略，才能发展社会主义民主政治，保障党的社会主义初级阶段政治纲领的实现。

第三，只有坚持依法治国的基本方略，才能维护安定团结的政治局面，保障国泰民安。

第四，只有坚持依法治国的基本方略，才能促进社会主义精神文明建设，保障党的社会主义初级阶段文化纲领的实现。

第五，只有坚持依法治国的基本方略，才能加强和改善党的领导，发挥党的领导核心作用，保障有中国特色的社会主义建设事业的顺利发展。

4. 社会主义法制的基本要求

社会主义法制的基本要求就是“有法可依，有法必依，执法必严，违法必究”。

有法可依，是社会主义法制的前提和基础。它指在国家事务、经济文化事务和社会事务等各个方面的关系，应该和需要法律调整的，都有相应的法律规定；国家机关和国家工作人员执法有根据，司法有准绳，公民活动有章可循，行为有法可依。

有法必依，是社会主义法制的中心环节。它指一切国家机关、党派团体、社会组织和任何个人，都必须遵守法律，依法办事。决不允许以言代法、以权压法、徇私枉法，决不允许任何公民有凌驾于法律之上和超越法律之外的任何特权。

执法必严，是社会主义法制的关键。它指执法和司法机关及其工作人员，必须严格按照法律的规定实施法律，坚决维护法律的权威和尊严。

违法必究，是社会主义法制的保障。它指的是任何公民只要违反了法律，必须受到追究，法律面前人人平等。违法必究是有法必依和执法必严的必然要求。

二、社会主义法律的实施

1. 社会主义法律实施的概念和方式

社会主义法律的实施是指通过一定的方式使社会主义法律规范在社会生活中得到贯彻和实现的活动，是法律作用于社会关系的特殊形式。它不仅包括国家机关及其工作人员实现法律规范的活动，而且还包括社会团体和公民实现法律规范的活动。通过这种活动，把法律规范中设定的权利和义务关系转化为现实生活中的权利和义务关系，转化为人们的具体行为和活动。

社会主义法律实施的主要方式有两种：一种是社会主义法律的遵守，这是社会主义法律实施的主要的、基本的、大量的方式，是由社会主义法律的阶级性、人民性、社会性决定的；另一种是社会主义法律的适用。

社会主义法律的实施，一般分为：

(1)法的执行又称执法，执法的主体是国家行政机关。

(2)法的适用又称司法，司法的主体是国家司法机关，包括检察机关和审判机关。

(3)法的遵守又称守法，守法的主体包括一切国家机关、社会组织和公民。

(4)法律实施的监督，狭义的法律监督机关是国家检察机关，广义上，包括所有社会主体对于法律的监督。

2. 我国法律实施的基本原则

为了保证社会主义法律的适用，符合“正确、合法、及时、合理、公正”的基本要求，社会主义国家机关和公职人员在适用法律规范时应遵循以下原则。

第一，以事实为根据，以法律为准绳的原则。以事实为根据是指国家机关及其工作人员在适用法律时必须以客观事实为根据，把案件的审理和判决建立在尊重客观事实的基础上。这是定性准确、裁量适当、正确适用法律规范的前提条件。以法律为准绳是指国家机关及其工作人员在适用法律规范时，必须严格按照法律的规定办事。一个人的行为是否违法犯罪，只能以法律来衡量，法律是定罪量刑的唯一准则。而且，司法机关及其办案人员在处理案件全部过程中的一切活动和行为，都必须符合法律规定，严格履行法律手续。

第二，公民在适用法律上一律平等。这一原则是指对于任何公民，不论其民族、种族、性别、职业、宗教信仰、教育程度、财产状况、居住期限等有何差别，也不论其出身、政治历史、社会地位和政治地位有何不同，在适用法律上一律平等。这种平等包括两层含义：一是我国全体公民都应平等地遵守我国的宪法和法律，不允许任何人有超越宪法和法律的特权；二是对任何公民的违法、犯罪行为都应毫无例外地追究法律责任，给予应有的制裁。

第三，司法机关依法独立行使职权原则。这一原则是指依照宪法的规定，人民法院独立行使审判权，人民检察院独立行使检察权。就是说，国家的司法权只能是由国家司法机关统一行使而不受其他行政机关、社会团体和个人的干涉。

第四，实事求是，有错必纠和国家赔偿原则。这一原则是指当出现适用法律错误造成的冤、假、错案，一经查实就必须予以纠正，造成损失的，国家必须依法予以赔偿。这是由我国的国家性质和法律的本质决定的，它体现了我国法律适用的正义性和严肃性。

3. 我国法律的效力

法律的效力就是法律的生效范围，也就是指法律在什么地方、什么时间、对什么人具有约束力。

(1)法律的地域效力。法律的地域效力是指法律在什么地方或什么范围内具有约束力,也可称为法律的空间效力。我国法律的空间效力有以下几种情况:

第一,全国人大和人大常委制定的宪法和法律,国务院及其各部委发布的行政法规、规章等各种规范性文件,在我国全部领域范围内有效(法律有特别规定的除外)。

第二,地方人大和人大常委会以及法律授权的机关,民族地方自治机关颁布的地方性法规、自治条例、单行条例,只在其管辖范围内有效。

第三,中央国家机关制定的法律、法规,明确规定了特定的适用范围的,即在其规定的范围内有效。

第四,有些法律(如刑法)明确规定了具有域外效力的,在域外有效。

(2)法律的时间效力。法律的时间效力是指法律何时开始生效、何时停止生效以及法律的溯及力问题。

我国法律的生效时间有以下六种情况:

第一,从法律公布之日起即开始生效。

第二,法律文件中规定了具体的实施或生效的日期,应按照法律规定生效。

第三,生效日期法律本身没有规定,而是在发布该法律的命令中宣布,按照宣布日期生效。

第四,法规本身规定了其生效时间取决于其他法律、法规的生效时间,按照其他法律、法规的生效时间生效。

第五,有些法律制定出来以后,要先试行一段时间再正式制定,这种法律在试行期间仍然具有法律效力。

第六,如果法律没有明确规定生效时间,则推定为公布即生效。

我国法律停止生效的时间有以下四种情况:

第一,从新法律颁布实施之日起,相应的旧法律就自行废止。

第二,新法律代替了内容基本相同的旧法律,在新法律中明文规定了旧法律停止生效时期。

第三,由于形势发生变化,原来的某项法律已因调整的社会关系不复存在或完成了历史任务而失去存在的条件,即自行失效;有的法律规定生效期限,生效期限届满即终止生效。

第四,有权制定法律的国家机关颁布专门的决议、命令,宣布修改或废止其制定的某些法律而导致该法律失效。

关于法律的溯及力,亦称法律溯及既往的效力。它是指新法颁布施行以后,对它生效以前的事件和行为是否适用即有无约束力的问题。如果有约束力则该项法律有溯及力,如无约束力则该项法律就无溯及力。我国刑法采取的“从旧兼从轻”的原则,即新法律生效以前的行为和事件,如果当时的法律不认为是犯罪的或处刑较轻的,适用旧的法律,新法律无溯及力;如果新法律不认为是犯罪或处罚较轻的,而旧法律认为犯罪或者处刑较重的,则适用新法律,新法律有溯及力。

(3)法律对人的效力。法律对人的效力是指法律规范对哪些人有约束力。我国法律规范对人的效力有以下四种情况:

第一,我国公民在我国领域内,一律适用我国法律。

第二,外国人(包括无国籍人)在我国领域内除法律有特别规定的(如享有外交特权和豁免权的人)以外,都适用我国法律。

第三,我国公民在我国领域以外,原则上也应该适用我国法律。但法律有特别规定的按法律规定。

第四,外国人在我国领域外,如果侵害了我国国家或公民的权益或者与我国公民、法人发生法律交往关系,也可以适用我国法律规定。

外国人在中国国际航班上犯罪是否适用我国法律?

思考题

一、名词解释

1. 法律渊源　　2. 依法治国

二、简答题

1. 简述我国现行的法律部门。

2. 法律的本质是什么?

3. 社会主义法制的基本要求有哪些?

4. 简述我国法律实施的基本原则。

第二章　宪法基本知识

1. 了解宪法的概念、特征,掌握我国宪法的基本思想和原则;
2. 掌握我国的基本政治和经济制度;
3. 掌握我国公民的基本权利和义务。

第一节　宪法概述

一、宪法的概念和特征

1. 宪法的概念

在中国古代典籍中,“宪法”最早出现在《尚书》中,“监于先王成宪,其永无愆。”其意为,根据先王的旨意制定典章、法度,将永无过错。这里的“宪”与“法”同义,泛指典章制度与法令。国外也是如此,“宪法”这个英文用语来源于拉丁语 costitutio,原意是组织、规定、确立、敕令的意思,最早用于古罗马帝国的立法中,用以表示皇帝所颁布的“诏令”、“谕旨”等。以上两者都不是我国近代意义上的宪法。

近代意义上的宪法,是国家的根本大法,是民主制度的法律化。它规定了国家的根本制度和根本任务,以及公民的基本权利和义务等重要的内容,具有最高的法律效力,是人们行为的基本准则,是制定其他法律的依据,在我国的法律体系中具有特殊重要的地位。

人类历史上第一部宪法是哪国宪法?第一部成文宪法是哪国宪法?

2. 宪法的特征

宪法与其他法律在本质上是完全一致的,即他们的阶级性和赖以建立的经济基础是完全相同的。但宪法是一个国家法律体系的基础和核心,在国家法律体系中占有最高地位,是依法治国的前提和基础,是国家的根本大法。它与普通法律相比有以下基本特征:

(1)在内容上,宪法规定国家最根本、最重要的内容。宪法是众法之母,它的内容涵盖了一个国家的政治、经济、社会、文化等各方面的制度,它所规定的是国家制度,国家机构的组织和活动的基本原则,以及公民的基本权利和义务等重要内容。其他法律法规只规定国家生活中某一领域的问题,因而只规定特定的制度。如刑法只规定什么是犯罪,对犯罪者予以什么处罚和如何进行处罚的问题。民法只规定公民有哪些民事权利及如何行使这些民事权利的问题。婚姻法只调整婚姻关系和家庭关系等。

(2)在效力上,宪法具有最高的法律效力。宪法独立于普通法律之上,享有最崇高的地位和最神圣的权威,主要表现在以下三个方面:

第一,宪法是其他法律法规的立法基础和依据。没有宪法的依据和宪法授权,则不能制定其他法律法规。

第二,普通法律不得与宪法相抵触。任何法律法规如果违背宪法的原则和精神,其抵触部分要么修改、要么废除,否则就无效。

第三,宪法是一切组织和个人的根本活动准则。我国宪法总纲第 5 条规定:"一切国家机关和武装力量、各政党和各企业事业组织都必须遵守宪法和法律。一切违反宪法和法律的行为,都必须予以追究。"

(3)在制定和修改程序上,宪法比普通法律更严格、复杂。宪法的制定和修改一般需要经过特殊的程序,通常设立专门机构来负责宪法起草或修改工作。有的国家召开制宪会议或立宪会议,有的国家成立宪法起草委员会。如为制定美国 1787 年宪法,1787 年在费城设立了制宪会议,为制定中国 1954 年宪法,1953 年在北京设立了宪法起草委员会,而普通法律的制定则只需要通过普通的立法机构就行了。宪法的制定和修改,都需要与会议员或者代表的 2/3 以上表决同意才能通过;普通法律的制定和修改由立法机构根据常规程序制定、修改或废除的,只需要 1/2 以上表决同意即可通过。

小知识

我国建国后共制定和颁布过 4 部宪法,即 1954 年宪法、1975 年宪法、1978 年宪法和 1982 年宪法。我国现行宪法是 1982 年宪法,共 138 条。1988 年、1993 年和 1999 年全国人大共三次以宪法修正案的形式对宪法进行了修改和补充。3 个宪法修正案共 17 条。

二、我国宪法的指导思想和基本原则

1. 我国宪法的指导思想

我国现行宪法的指导思想是坚持四项基本原则，坚持具有中国特色社会主义理论和党的基本路线以及“三个代表”的重要思想。这是马列主义普遍真理在不同历史阶段同中国实际相结合的产物，是马列主义思想的具体化。

坚持“四项基本原则”是全国各族人民团结前进的共同的政治基础，也是社会主义现代化建设顺利进行的根本保证。现行宪法颁布以来，我国经济建设迅猛发展，改革开放不断深化。随着客观实际的变化，宪法本身也必然要向前发展。这是现行宪法与时俱进，不断深化理论的表现，是宪法保持蓬勃朝气，能充分适应客观实际发展变化的需要，从而具有强大生命力的表现。

小知识

四项基本原则，即坚持社会主义道路，坚持人民民主专政，坚持中国共产党的领导，坚持马列主义、毛泽东思想。

2. 我国宪法的基本原则

宪法的基本原则是指人们在制定和实施宪法过程中必须遵循的最基本的准则，是贯穿立宪和行宪的基本精神。一部宪法可能要经常修改，但其基本原则不能修改，否则就等于重新制定宪法了。一般认为，宪法的基本原则有以下四项：

(1)人民主权原则。人民主权原则也叫做主权在民原则，在社会主义国家也叫权力属于人民的原则。我国宪法第2条“中华人民共和国的一切权力属于人民”就是对人民在国家中地位的确认，是我国宪法的人民主权原则。同时还规定了实现人民主权原则的方式即人民代表大会制。人民主权原则在宪法规范中的表现是多方面的，如宪法规定全国人民代表大会和地方各级人民代表大会都由民主选举产生，对人民负责，受人民监督；人民依照法律规定，通过各种途径和形式，管理国家事务，管理经济和文化事业，管理社会事务。

(2)基本人权原则。人权是指作为一个人所应该享有的权利。人权的思想和理论源于资产阶级启蒙思想家的“天赋人权”说，即自然权利说。该学说是针对封建的“君权神授”学说而提出的，它强调人人生而享有自由、平等、追求幸福和财产的权利。在资产阶级革命胜利后，基本人权被正式确认为宪法原则。社会主义国家同样在宪法中确认基本人权原则，但在表述中用公民的基本权利这一表述代替人权一词，明确指出立宪的目的就是为了保障公民的基本权利。

"宪法就是一张写着人民权利的纸",社会主义的宪法是人民权利的保障书。

(3)法治原则。法治也称"法的统治",是指统治阶级按民主原则把国家事务法律化、制度化,并严格依法进行管理的一种治国理论、制度体系和运行状态。法治原则的基本含义是:法律是国家和公民的最高活动准则。法治在形式上表现为宪法强调公民在法律上一律平等,公民的基本权利与自由应得到法律的保护,反对特权和权力的滥用等。社会主义国家政权的建立,使法治原则发展到了一个新的历史阶段,使法治原则成为一项重要的宪法原则。我国宪法修正案第13条规定:"中华人民共和国实行依法治国,建设社会主义法治国家。"

(4)权力制约原则。权力制约原则是指国家权力的各部分之间相互监督、彼此牵制,以保障公民权利的原则。它既包括公民权利对国家权力的制约,也包括国家权力对国家权力的制约。权力制约原则源于资产阶级启蒙思想家关于分权和制衡的理论。他们认为有权力的人容易滥用权利。要防止权利的滥用,就必须以权力制约权力。在资本主义国家的宪法中,权力制约原则主要表现为分权原则;在社会主义国家的宪法中,权力制约原则主要表现为监督原则。我国宪法第3条规定:"国家行政机关、审判机关、检察机关都由人民代表大会产生,对它负责,受它监督。"第41条规定:"中华人民共和国公民对于任何国家机关和国家工作人员,有提出批评和建议的权利。"第135条规定:"人民法院、人民检察院和公安机关办理刑事案件,应当分工负责,互相配合,互相制约,以保证准确有效地执行法律。"

第二节　我国的基本制度

一、我国的国体

1. 国体的概念

国体是国家性质,即国家阶级本质,指的是社会各阶级在国家中的地位。即在国家中,由哪个阶级领导,联合哪些阶级,对哪些阶级实行专政。具体包括两方面的内容:一是指在一个国家内谁是统治阶级,谁是被统治阶级;另一方面是指统治阶级内部谁是领导者,谁是同盟者以及他们之间的政治、经济、文化等各种社会关系。国体反映国家政权的阶级性质和社会经济基础,是组织和管理一国国家生活和社会生活的基本依据。

由于各个阶级在国家中的地位不同,在人类历史上曾出现过四类性质的国家,即奴隶主阶级对奴隶阶级专政的奴隶制国家、封建地主阶级对农民阶级专政的封建制国家、资产阶级对无产阶级专政的资本主义国家、无产阶级对资产阶级专政的社会主义国家。前三种都是少数剥削阶级对广大劳动人民实行专政，社会主义国家则是由工人阶级领导的广大人民对极少数的敌对阶级实行专政。

2. 我国的国体

我国的国体(即国家性质)是人民民主专政。它准确地表明社会主义经济基础之上，我国对广大人民实行民主，对极少数敌对分子实行专政的国家性质。它是中国共产党领导全国人民在长期革命斗争中所创造的适合我国国情和革命传统的一种形式，是对马列主义的一个重大发展。

我国的国体具有以下基本特征：

第一，人民民主专政实质上是无产阶级专政。宪法序言规定："工人阶级领导的、以工农联盟为基础的人民民主专政，实质上即无产阶级专政"。因为两者的领导力量、阶级基础、职能和历史使命相同，在本质上是一致的。人民民主专政这种提法更确切地反映了我国的阶级状况和政权的广泛基础。

第二，工人阶级是我国的领导阶级，工农联盟是我国的政权基础。工人阶级之所以成为国家的领导阶级，是由工人阶级的阶级性质和它肩负的历史使命所决定的。工农联盟代表了我国人口的绝大多数，不但构成了人民民主专政的坚实基础，而且表明了人民民主专政政权有充分的民主性和广泛的代表性。

第三，人民民主专政是民主和专政的有机结合。由于人民民主专政具有广泛的、稳定的政权基础，阶级斗争已经不是社会的主要矛盾，因而现阶段国家的主要任务是集中精力进行经济建设，在解决社会主义现代化建设过程中出现的争议和纠纷时，应当主要采用民主的方式。同时民主与专政两个方面不可分割。只有对极少数敌对势力、敌对分子实行专政，才能保障绝大多数人民行使权力；只有对人民内部充分实行民主，才能使全国人民充分发挥主人翁的责任感，调动广大人民群众的积极性和主动性，加快社会主义现代化建设的进程。

第四，爱国统一战线是我国人民民主专政的重要内容之一。它是在中国共产党领导下，由各民主党派和各人民团体参加的包括全体社会主义劳动者、社会主义事业的建设者、拥护社会主义的爱国者和拥护祖国统一的爱国者组成的政治同盟。中国人民政治协商会议是我国爱国统一战线的组织形式，也是共产党领导多党合作制和政治协商的一种重要组织形式。

小知识

我国统一战线的方针是：长期共存、互相监督、肝胆相照、荣辱与共。现阶段统一战线的任务是：团结一切可以团结的力量，调动国内外一切积极因素，为把我国建设成为现代化的社会主义国家，为台湾回归祖国，实现祖国统一大业而共同奋斗。

二、我国的政体

1. 概述

政体就是国家的根本政治制度，是国家政权的组织形式。我国的政体是人民代表大会制度。它是指一定的社会阶级采取何种形式去组织反对敌人，保护自己的政权机关。从本质上说，国体决定政体，政体服务于国体。

我国宪法第 2 条规定：“中华人民共和国的一切权力属于人民。人民行使国家权力的机关是全国人民代表大会和地方各级人民代表大会。”宪法第 3 条规定：“国家行政机关、审判机关、检察机关都由人民代表大会产生，对它负责，受它监督。”人民代表大会这个根本的政治制度，是我国人民在中国共产党的领导下，在长期的革命斗争中创造和发展起来的，是我国革命政权建设经验的总结。

2. 我国的选举制度

选举制度是国家政治制度的一个重要组成部分，是法律规定关于选举国家机关代表和公职人员时应遵循的各项制度的总称。我国的选举制度体现了我国人民民主专政的国家性质，是人民群众参加国家管理并实现当家作主的重要制度。

小知识

据我国宪法和选举法规定，我国现行选举制度的原则是：选举的普遍性和平等性原则，直接选举和间接选举并用的原则，无记名投票原则，代表向选民负责并受选民监督原则等。此外，还规定了选举权的物质保障，即选举经费由国库开支，从物质上保障选民能够行使民主选举权利。还规定了法律保障，即对破坏选举的违法行为依法给予行政处分和刑事处罚，从法律上保障选举权利不被侵害，使选民能够充分行使选举权。

3. 我国的民族区域自治制度和特别行政区域制度

民族区域自治制度是指在统一的祖国大家庭内，在党和国家统一领导下，依照宪法的基本原则，在少数民族聚居的地方实行区域自治，设立自治机关，行使自治权，实行少数民族当家作主，自主管理本民族内部事务的一项基本制度。宪法第4条规定:“各民族都有使用和发展自己的语言文字的自由,都有保持或者改革自己的风俗习惯的自由。”“各民族自治地方都是中华人民共和国不可分离的组成部分。”我国的民族自治地方分为自治区、自治州、自治县三级。实行民族区域自治,有利于各民族的团结、共同繁荣和发展,有利于现代化建设和国家的发展。

解决我国民族问题的基本政策是什么?

特别行政区域制度是指在我国主权范围内,根据宪法和法律的规定,在中央政府管理之下,实行特别的政治、经济和法律制度,并拥有高度自治权的行政区域。特别行政区是根据“一国两制”原则设立的,它是指在中华人民共和国这个统一的社会主义国家里,在相当长的时期内,祖国大陆实行社会主义制度,允许台湾、香港、澳门这三个地区实行资本主义制度。特别行政区享有高度的自治权,包括立法权、行政管理权、独立的司法权和终审权等。

三、我国的经济制度

1. 经济制度的概念

经济制度是指一定的社会关系的总和,即统治阶级为了维护其经济利益,用法律的形式所规定的生产资料所有制和分配制度。它是国家政权赖以存在和发展基础。确定一国的经济制度,是宪法的主要任务之一。

2. 社会主义公有制

生产资料社会主义公有制是我国社会主义经济制度的基础,它包括全民所有制和劳动群众集体所有制。全民所有制是人民民主专政的国家代表全体人民占有生产资料的公有制形式。全民所有制经济即国有经济,是国民经济的主导力量,对经济发展起主导作用。集体所有制是部分劳动群众共同占有生产资料的一种公有制形式,起着国有经济助手的作用。此外,混合所有制经济中的国有成分和集体成分,近年来城乡出现的股份合作制经济也是公有制的实现形式。

3. 非公有制经济

非公有制经济是我国社会主义市场经济的重要组成部分,是我国有特色社会主义的经济制度的补充。在我国社会主义初级阶段，应形成以公有制为主体，个体、私营、中外合资、合作、外商独资等非公有制经济长期共存、共同发展、平等竞争的所有制结构。我国宪法修正案规定："国家保护个体经济、私营经济等非公有制经济的合法权利和利益。国家鼓励、支持和引导非公有制经济的发展，并对非公有制经济依法实行监督和管理。"

你愿意到非公有制企业工作吗？理由是什么？

4. 我国现行的分配制度

实行按劳分配为主体，多种分配方式并存的分配制度，是我国社会主义初级阶段的分配方式。我国宪法总纲第6条规定："社会主义公有制消灭了人剥削人的制度，实行各尽所能、按劳分配的原则。"以"按劳分配"为分配主体具有客观必然性。首先，社会主义生产资料公有是实行按劳分配的前提；其次，人们为谋生而劳动决定了劳动以取得报酬为目的，这是实现按劳分配的直接原因；第三，社会生产力发展水平是实行按劳分配的物质条件。

以公有制为主体，多种所有制经济并存的经济结构决定了在分配制度上，以按劳分配为主体外，还存在其他分配方式，如按个体劳动者的劳动成果分配、按生产要素分配、社会保障收入等几种。

按劳分配的基本内容是：在社会主义公有制的范围内，凡是有劳动能力的人，都应尽自己的能力为社会劳动。社会以劳动为尺度，按劳动者提供的劳动数量和质量分配个人消费品，实行多劳多得，少劳少得，不劳动者不得食。

第三节　我国公民的基本权利和义务

一、基本概念

1. 公民、国民和人民的概念

公民是一个法律概念，是指具有一国国籍，根据该国宪法和法律的规定，享有权利并承担义务的人。我国宪法第33条规定："凡是具有中华人民共和国国籍的人都是中华人民共和国公民”。

小知识

国籍是一个人属于某一国家公民的资格，是一个人作为一个特定国家的成员而隶属于这个国家的一种法律上的身份。一个人一旦取得某一国家的国籍后，就享有该国宪法和法律规定的权利，承担相应的义务。一般地，国际通行的国籍取得方式有两种：一种是国籍因出生而取得，叫做出生国籍；另一种因加入而取得，叫做继有国籍。世界各国确定原始国籍采用的原则有血统主义原则、出生地主义原则、血统主义和出生地主义相结合的原则。我国国籍法根据血统主义和出生主义相结合的原则确定原始国籍，不承认双重国籍。

国民则是一个政治学概念。国民与国家之间，存在权利与义务的关系，也就是一种政治和法律关系。在我国，“国民”作为一个独立的概念已从宪法文件中消失，除与“经济”、“生产总值”等组成另外意义的词汇。

小知识

我国在建国初期的《共同纲领》中曾使用国民一词，其含义与公民相同，但自1953年颁布的选举法改国民为公民以后，我国的一切法律规定都不再使用国民一词；而美国规定，出生在美国本土并受美国管辖的人是美国公民，而出生在美国海外属地的人只是美国的国民而非公民。

人民也是个政治学的概念，它是以阶级为基础，随着历史任务的变化而增加其具体标准，其主体在不同历史时期是不同的。人民是公民中的绝大部分，是指国家的主人。公民中的一部分敌对分子，不属于人民的范畴，他们不能享受全部公民权利，处于被专政的地位。

小知识

我国抗日战争时期，一切抗日阶层和社会团体都属于人民范畴；解放战争时期，人民包括了一切赞成推翻三座大山的阶层、团体；而现阶段，人民的范围则包括工人、农民、知识分子等全体社会主义劳动者以及拥护社会主义的爱国者和拥护祖国统一的爱国者。

2. 公民基本权利和义务的概念

权利是指宪法和法律所保障的公民实现某种愿望或获得某种利益的可能性。义务是指宪法和法律规定的公民应当履行的某种责任。权利和义务的根本区别在于：权利可以放弃，而义务必须履行。

公民的基本权利和义务，是指由宪法规定的公民享有和履行的最主要的、具有决定意义的权利和义务，又称宪法权利和宪法义务。它与公民的一般权利和义务相比，具有以下特性：第一，基本权利和基本义务决定着公民在国家中的法律地位；第二，基本权利和基本义务是公民在社会和国家生活中最主要、最根本和不可缺少的权利和义务；第三，基本权利和基本义务具有母体性，能派生出公民的一般权利和义务；第四，基本权利和基本义务具有稳定性和排他性，它与人的公民资格和法律平等地位不可分。

3. 公民权与人权的概念

公民权是指一国公民在法律上所具有的一种能力或资格，是国家规定的本国公民在国家和社会中所处地位的法律表现。公民权从广义上解释，就是公民权利；从狭义上解释是指公民的政治权。而人权指作为一个人应该和实际享有的权利，故从广义角度上，人权就是公民权。人权是公民权的基础，公民权则是人权的法律表现形式，是宪法和法律所规定的本国公民所享有的最主要的权利。

当代中国人权是多数人的、全国人民的人权；生存权和发展权是首要的基本人权，是经济、社会、文化权利同政治权和公民权不可分割的人权；人权有国际性的一面，但主要是一个国家主权范围内的问题。

我国的基本人权立场是什么？

二、我国公民的基本权利

我国宪法规定公民具有以下 9 个方面的基本权利。

1. 平等权

平等权是指公民在政治、经济和社会一切领域依法享有同其他公民同等的权利，不能以任何外在的差别而区别对待的一种权利。我国宪法第 33 条规定："中华人民共和国公民在法律面前一律平等。"这一规定是社会主义法制的一个基本原则。其基本内容是：任何公民都平等地享有宪法和法律规定的各项权利，同时必须履行宪法和法律规定的各项义务；任何公民的合法行为，都平等地受到法律保护，违法犯罪行为也都平等地受到法律的制裁；任何公民都不得有超越宪法和法律的特权。

2. 政治权利和自由

政治权利和自由是指公民依法享有的参加国家政治生活方面的权利和自

由。具体包括两大方面：

(1)选举权和被选举权。我国宪法第34条规定："凡年满18周岁的公民，不分民族、种族、性别、职业、家庭出身、宗教信仰、教育程度、财产状况、居住期限，都有选举权和被选举权。但依法被剥夺政治权利的人除外。"

(2)政治自由。我国宪法第35条规定："中华人民共和国公民有言论、出版、集会、结社、游行、示威的自由。"但公民的这些政治权利和自由必须依法行使，不得损害国家的、社会的、集体的利益和其他公民的合法权利和自由，否则不仅得不到法律的保护，反而要受到法律的制裁。

如公民要举行游行、示威活动，则应遵循《集会游行示威法》的规定。

3. 宗教信仰自由

我国宪法第36条规定："中华人民共和国公民有宗教信仰自由。"任何国家机关、社会团体和个人不得强制公民信仰宗教或者不信仰宗教，不得歧视信仰宗教的公民和不信仰宗教的公民。当然，任何人不得利用宗教进行破坏社会秩序、损害公民身体健康、妨碍国家教育制度的活动。我国的宗教团体和宗教事务不受外国势力的支配。

4. 人身权利

公民的人身权利是公民一切权利和自由的基础。它包括四方面的内容：

(1)公民的人身自由不受侵犯。人身自由又称身体自由，是指无正当理由，公民的身体活动不受拘束的权利。我国宪法第37条规定："任何公民，非经人民检察院批准或者决定或者人民法院决定，并由公安机关执行，不受逮捕；禁止非法拘禁和以其他方法非法剥夺或者限制公民的人身自由，禁止非法搜查公民的身体。"侵犯公民的人身自由应当承担相应的法律责任。

王某怀疑同学张某偷了自己的新手机，于是就强行搜查了张某的衣裤口袋，请问张某的什么权利受到了侵犯？

(2)公民的人格尊严不受侵犯。人格是公民必须具有的资格。人格权主要包括名誉权、荣誉权、姓名权、肖像权等。人格权是对公民人格的保障。我国宪法第38条规定："中华人民共和国公民的人格尊严不受侵犯。禁止用任何方法对公民进行侮辱、诽谤和诬告陷害。”

(3)公民的住宅不受侵犯。我国宪法第 39 条规定：“中华人民共和国公民的住宅不受侵犯。禁止非法搜查或者非法侵入公民住宅。”保护公民住宅不受侵犯，有利于公民学习、工作和生活，有利于社会的安定团结。

(4)公民的通信自由和通信秘密受法律保护。我国宪法第 40 条规定：“中华人民共和国公民的通信自由和通信秘密受法律保护。除因国家安全或追查刑事犯罪的需要，由公安机关或者检察机关依照法律规定的程序对通信进行检查外，任何组织和个人不得以任何理由侵犯公民的通信自由和通信秘密。”

我国刑法第 149 条规定：“隐匿、毁弃或者非法开拆他人信件、侵犯公民通信自由权利，情节严重的，处 1 年以下有期徒刑或者拘役。”

5. 批评、建议、申诉、控告、检举和取得赔偿权

我国宪法第 41 条规定：“中华人民共和国公民对于任何国家机关和国家工作人员，有提出批评和建议的权利；对于任何国家机关和国家工作人员的违法失职行为，有向有关国家机关提出申诉、控告或者检举的权利；由于国家机关和国家工作人员侵犯公民权利而受到损失的人，有依照法律规定取得赔偿的权利。”当然，公民在行使此项权利时，不得捏造事实、歪曲事实进行诬告陷害，否则，要依情节轻重追究法律责任。

6. 社会经济权利

社会经济权是指公民享有的经济生活和物质利益方面的权利，是公民实现其他权利的前提条件和物质基础。它主要包括：

(1)劳动的权利和义务。劳动权是指有劳动能力的公民，有工作和取得劳动报酬的权利。我国宪法第 42 条规定：“中华人民共和国公民有劳动的权利和义务。”劳动者应以国家主人翁的态度对待自己的劳动，提倡公民从事义务的劳动。

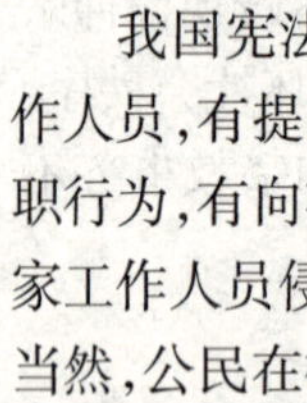

为了更好地保护劳动者的劳动权，我国于哪一年制定了劳动法？

(2)劳动者的休息权。休息权是指劳动者在享受劳动权的过程中,有为保护身体健康,提高劳动效率,根据国家的法律和制度的有关规定,而享有的休息和修养的权利。我国宪法第43条规定:"中华人民共和国劳动者有休息的权利。"

(3)退休人员的生活保障权。我国宪法第44条规定:"国家依照法律规定实行企业事业组织的职工和国家机关工作人员的退休制度。退休人员的生活受到国家和社会的保障。"

(4)物质帮助权。我国宪法规定:"中华人民共和国公民在年老、疾病或者丧失劳动力的情况下,有从国家和社会获得物质帮助的权利。"为了更好地行使物质帮助权,国家采取了发展社会保障、社会救济、医疗卫生事业等措施。

7. 文化教育的权利和自由

(1)公民有受教育的权利和义务。我国宪法第46条规定:"中华人民共和国公民有受教育的权利和义务。"国家采取各种措施,发展各种教育事业,如制定了《义务教育法》、《教育法》、《教师法》等来保护公民的受教育权力。

(2)公民有进行科研、文艺创作和其他文化活动的自由。国家大力支持和帮助有益于人民的文化教育活动。

8. 妇女的权益及婚姻、家庭、母亲、儿童和老人受国家保护

(1)国家保护妇女的权益。我国宪法第48条规定:"中华人民共和国妇女在政治的、经济的、文化的、社会的和家庭的生活等各方面享有同男子平等的权利。""国家保护妇女的权利和利益,实行男女同工同酬,培养和选拔妇女干部。"此外,我国的继承法、婚姻法、劳动法、妇女权益保护法都对妇女的权益保障做了规定。

(2)婚姻、家庭、母亲、儿童和老人受国家保护。我国宪法第49条规定:"婚姻、家庭、母亲和儿童受国家的保护。""夫妻双方实行计划生育的义务。""父母有抚养教育未成年子女的义务,成年子女有赡养扶助父母的义务。""禁止破坏婚姻自由,禁止虐待老人、妇女和儿童。"

9. 保护华侨、归侨和侨眷的权益

华侨是侨居在外国的中国公民,归侨是已经回到祖国的华侨,侨眷是华侨在我国国内的亲属。我国宪法第51条规定:"中华人民共和国保护华侨的正当的权利和利益,保护归侨和侨眷的合法的权利和利益。"

三、我国公民的基本义务

我国宪法规定公民具有以下5个方面的基本义务。

1.维护国家统一和全国各民族团结

我国宪法第52条规定："中华人民共和国公民有维护国家统一和全国各民族团结的义务。"这是我国公民必须履行的基本义务之一。国家的统一和全国各民族的团结，是建设有中国特色社会主义事业取得胜利的基本保证，也是实现公民基本权利的保证。

2.遵守宪法和法律，尊重社会公德

我国宪法第53条规定："中华人民共和国公民必须遵守宪法和法律，保守国家秘密，爱护公共财产，遵守劳动纪律，遵守公共秩序，尊重社会公德。"遵守宪法和法律就是尊重人民的意志，维护人民的利益；尊重社会公德，是社会主义精神文明的重要内容，是维护社会安定团结的需要。

3.维护祖国安全、荣誉和利益

我国宪法第54条规定："中华人民共和国公民有维护祖国安全、荣誉和利益的义务，不得有危害祖国的安全、荣誉和利益的行为。"这是保障社会主义现代化建设和改革开放顺利进行的需要，任何公民如果危害国家安全，给国家利益造成损害，要依法追究其刑事责任。

4.保卫祖国，抵抗侵略，依法服兵役和参加民兵组织

我国宪法第55条规定："保卫祖国，抵抗侵略是中华人民共和国每一个公民的神圣职责。依照法律服兵役和参加民兵组织是中华人民共和国的光荣义务。"每一个公民都必须自觉地依法履行这一光荣义务和神圣职责。

小知识

根据我国兵役法第15条规定，应征公民是维持家庭生活的唯一劳动力或者是正在全日制学校就学的学生，可以缓征。

5.依法纳税

我国宪法第56条规定："中华人民共和国公民依照法律纳税的义务。"税收是国家财政收入的重要来源之一，它"取之于民，用之于民"。公民依法纳税，对于增加国家财政收入，保证国家经济建设资金的需要，改善和提高人民生活都具有重要意义。每个公民应自觉遵守和执行国家税收法规和政策，与偷税、漏税、抗税的违法行为作斗争，以维护国家的利益。

思 考 题

一、名词解释

1. 宪法　2. 国体　3. 政体　4. 公民　5. 人权

二、简答题

1. 简述我国宪法的基本特征。

2. 简述我国宪法的基本原则。

3. 简述我国的选举制度、民族区域自治制度和特别行政区域制度。

4. 简述我国现行的分配制度。

5. 简述我国公民的基本权利和义务。

第三章　民法基本知识

教学要求

1. 了解民法的概念和调整对象，掌握我国民法的基本原则；
2. 了解民事法律关系及其主体；
3. 了解民事权利的种类，掌握承担民事责任的原则和方式；
4. 了解民事行为的构成要件；
5. 了解物权法的基本内容；
6. 了解合同法的基本原则，掌握合同的订立、履行及违约责任等；
7. 了解我国婚姻家庭法的有关常识；
8. 了解知识产权法的有关常识；
9. 掌握民事诉讼的管辖。

第一节　民法通则基本知识

一、民法的基本原则

1. 民法的概念和特点

民法起源于古代罗马社会。

小知识

“民法”一词来源于古罗马时期的“市民法”。罗马“市民法”只适用于罗马市民，适用于非罗马市民之间及其与罗马市民之间的法律称为“万民法”。后世学者称“市民法”为民法的语源，“万民法”为国际法的语源。公元6世纪，在东罗马帝国皇帝查士丁尼的主持下，将罗马法编纂为《说汇纂》、《法学阶梯》、《查士丁尼国法典》、《新律》四个法律汇编，中世纪时期统称《国法大全》（又称《民法大全》、《罗马法大全》），其中对民法的编纂已经相当完善。后来，民法成为世界各国法律体系中的一个独立的部门法。

民法的概念根据民法通则第二条规定，民法是调整平等主体的公民之间、法人之间、公民和法人之间的财产关系和人身关系的法律规范的总和。

小知识

我国目前还没有统一的、完备的民法典。于1986年(1986年4月12日第六届全国人民代表大会第四次会议通过)制定,1987年1月1日起施行的民法通则,对民法的一些共同性的准则作出规定,对各种民事权利、民事责任作出概括性的规定。它共分9章156条,主要内容有:

(1)公民和法人的法律地位;

(2)民事法律行为;

(3)民事代理;

(4)民事权利;

(5)民事责任;

(6)诉讼时效;

(7)涉外民事关系如何适用法律等。它是我国民事活动的基本准则,适用于我国的一切民事关系。

所谓平等主体是指当事人在民事活动中的法律地位是平等的,不存在领导与被领导、命令与服从的关系。在具体的民事法律关系中,当事人平等地享有权利,平等地承担义务。

民法调整平等主体之间的关系是民法的特点,也是它区别于刑法、行政法等其他法律部门的重要标志。

议一议

工商局在责令某商场停业整顿时的身份和工商局与商场签订买卖合同时的身份一样吗?他和商场的关系也始终相同吗?(提示:从工商局的活动性质来分析)

2. 民法调整的对象

民法调整平等主体的公民之间、法人之间、公民和法人之间的财产关系和人身关系。

财产关系是指人们在占有、支配、交换和分配物质财富过程中所形成的具有经济利益内容的社会关系。这种财产关系是平等主体的财产关系,建立在自愿的基础上,且大多是等价有偿的。体现在民法上的主要有所有权、使用权、经营权、承包权、相邻权、知识产权、债权和继承权等。

议一议

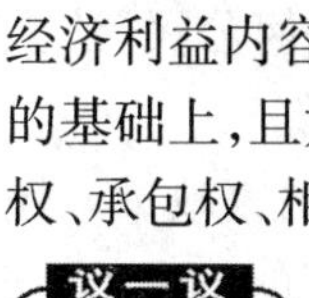

你因为违章驾驶被公安局罚款200元和你购物用的200元有什么不同?

人身关系是指与人身不可分离而以特定精神利益为内容的社会关系。它基于一定的人格和身份而产生,不具有直接经济内容。民法调整的人身关系主要是指人格关系和身份关系。其中人格关系通常体现为人格权,如生命权、健康权、姓名权、名称权、肖像权等。身份关系基于一定的身份而产生,在法律上体现为身份权,如监护权等。

3. 我国民法的基本原则

我国民法的基本原则是体现民法精神、规范民事活动、指导民事审判的基本准则。

根据"民法通则"的规定,我国民法的基本原则有以下五条:

第一条,平等原则。即当事人在民事活动中的地位平等。这是我国民法的首要的和核心的原则,坚持平等原则是贯彻其他原则的前提和基础,其他原则不外乎是平等原则的具体体现和补充。

第二条,自愿、公平、等价有偿、诚实信用的原则。这是指民事主体在民事活动时应当充分地表达自己的真实意志,按照自己的意志进行,任何人不得用欺诈或强迫等手段使民事主体不能真实地表达自己的意志。在民事活动中,还必须根据价值规律和等价交换的原则从事民事活动,这也是平等原则的必然要求。诚实信用是指当事人在民事活动中应从善意出发,实事求是、信守诺言、自觉地履行约定的义务,正当地行使自己的权利,这也是自愿原则的体现。

乘人之危,低价收购他人家产的行为有效吗?

第三条,公民、法人的合法的民事权益受法律保护。公民、法人和其他组织的合法民事权益受到非法侵犯时,有权请求国家机关依法保护;任何公民、法人和其他组织非法侵犯他人合法民事权益,都要承担相应的民事责任。

第四条,民事活动必须遵守法律,法律没有规定的,应当遵守国家政策。民事活动的目的、内容、形式和程序都要符合法律规定;法律没有规定的,应当遵守国家政策。

第五条,不得滥用权利原则。民事活动应当尊重社会公德,不得损害社会公共利益,破坏社会公共秩序。如果行使权力损害同样受到保护的他人利益和社会公共利益时,即构成权利滥用。

议一议

有些中学生在公共场所乱扔垃圾，有些人在午夜大音量地播放摇滚乐，还有些餐馆开在居民楼下，使居民油烟难忍，这些真的是他们的权利吗？

二、民事法律关系主体

1. 基本概念

民事法律关系是指由民法所调整的社会关系。

小知识

行政主体和行政相对人的关系由行政法规范调整，如警察在依法对违章驾驶员进行的处罚便要受到行政法的调整；而平等主体间的关系就要受到民法的调整，如签订买卖合同的双方当事人就必须遵循民法的规定。

民事法律关系包括主体、客体、内容三要素。

民事法律关系主体简称民事主体，是指参加民事法律关系、享受民事权利、承担民事义务的人是民事主体。

小知识

民事法律关系的客体是指民事法律关系的权利与义务所指向的事物。按照我国民法通则的规定，可以作为民事法律关系客体的有：物，其中包括金钱和有价证券；行为（不行为），如运输合同中承运人的运送活动；智力成果和特定的精神利益（如商标、专利、技术秘密、发现等）。民事法律关系的内容指民事权利和义务。民事权利是法律赋予民事主体的权益，他在特定的民事法律关系中有权为一定行为或不为一定行为，并要求他方为一定行为或不为一定行为。民事义务指民事主体在特定的民事法律关系中必须为一定行为或不为一定行为，以满足权利人的利益和要求。民事法律关系中一方的民事权利受到妨碍或破坏，就是另一方未履行自己的民事义务，前者要受到法律强制力的保护，后者要受到制裁。

在我国，可以成为民事主体的包括自然人和法人。另外，在实践中，个体工商户、农村承包经营户以及非法人组织也可被视为民事主体。

2. 自然人民事主体

自然人是基于自然规律出生的人。

自然人的民事权利能力是指自然人享有民事权利、承担民事义务的资格。有民事权利能力者，才享有法律上的人格，才能成为独立的民事主体。民事权利能力是自然人主体资格的集中体现。

我们有没有民事权利能力？

始于出生，止于自然死亡。自然人从出生的那一刻起，就具有了民事权利能力，就有资格享有权利或承担义务。

自然人的民事权利能力具有平等性。即凡我国公民，不分男女老少，无论职位高低，不管财产多寡，均享有平等的民事权利能力，在法律上处于平等的地位。

有一个初生儿继承了巨额遗产，他能不能自己处理？为什么？

自然人的民事行为能力是指自然人通过自己的行为，行使民事权利或履行民事义务的能力。

自然人的民事权利能力只是为其享受民事权利、履行民事义务和承担民事责任提供了可能性。自然人要通过自己的行为去取得民事权利、履行民事义务和承担民事责任，必须有通过自己的行为独立进行民事活动的资格。这种资格是法律所赋予的，这就是民事行为能力。

自然人的民事行为能力与民事权利能力不同，只有当公民智力发育成熟，能够理智地判断自己行为的后果，能够审慎地独立处理自己的事务，知道自己的行为会给自己产生有利或不利的法律后果的时候，才算具备了民事行为能力，才能独立进行民事活动。因此，有民事行为能力的人，都有民事权利能力；而有民事权利能力的人，却不一定有民事行为能力。

我国的民法通则以我国公民的认识能力和判断能力为依据，以年龄智力和精神状态为条件，自然人按其民事行为能力分为完全民事行为能力人、限制民事行为能力人和无民事行为能力人三类。

完全民事行为能力是指法律赋予达到一定年龄和智力状态正常的公民，通过自己的独立行为进行民事活动取得民事权利、履行民事义务和承担民事责任的资格。具有完全民事行为能力的人称为完全民事行为能力人。我国民法通则

第11条规定：十八周岁以上的公民是成年人，具有完全民事行为能力，可以独立进行民事活动，是完全民事行为能力人；十六周岁以上不满十八周岁的公民，以自己的劳动收入为主要生活来源的，视为完全民事行为能力人。

限制民事行为能力是指法律赋予达到一定年龄但尚未成年，或虽已成年但精神不健全，不能完全辨认自己行为的后果的自然人从事与自己的年龄、精神状况相适应的民事活动的资格。具有限制行为能力的自然人称为限制民事行为能力人。

我国民法通则规定：十周岁以下的未成年人和不能完全辨认自己行为的精神病人是限制民事行为能力人。

中学生李某(16岁)，因为要买山地车，将家中的高档照相机以500元的低价卖给了邻居张某。李某的父母知道后，要求张某将照相机退回，并将500元退还给张某。张某认为，这是李某自愿的，不肯退还。李某的父母遂诉至法院。法院认定李某和张某的买卖行为无效。

限制行为能力人可以从事与自己的年龄、智力、精神状况相适应的民事活动，其他民事活动应由他的法定代理人代理，或者征得他法定代理人的同意。

确定限制民事行为能力人的民事活动是否与年龄、智力、精神状况相适应，可以从行为与本人的生活相关联的程度，本人的智力能否理解其行为，并预见相应的行为后果，以及行为标的的数额等方面认定。

无民事行为能力是指法律完全没有赋予自然人以自己的行为取得民事权利、履行民事义务和承担民事责任的资格。我国民法通则规定：不满十周岁的未成年人和不能辨认自己行为的精神病人是无民事行为能力人。无民事行为能力人由他的法定代理人代理民事活动。

无民事行为能力人、限制民事行为能力人的监护人是他的法定代理人。

监护是指监护人对无民事行为能力人或限制民事行为能力人的人身、财产及其他合法权益的监督和保护。

未成年人的父母是未成年人的监护人。如未成年人的父母已死亡或没有监护能力的，可以在祖父母、外祖父母、兄、姐等人中指定。无民事行为能力或者限制民事行为能力的精神病人的监护人，可以从配偶、父母、成年子女、其他近亲属等人员中指定。

监护人的职责：保护被监护人的人身、财产及其他合法权益，除为被监护人的利益外，不得处理被监护人的财产。监护人依法履行监护的权利，受法律保护。监护人不履行监护职责或者侵害被监护人的合法权益的，应当承担责任；给被监护人造成财产损失的,应当赔偿损失。

全日制寄宿技校学生的监护责任已由其家长转移到学校了吗?

3. 法人

法人是具有民事权利能力和民事行为能力,依法独立享有民事权利和承担民事义务的组织。

法人成立的条件有以下四点:

第一,依法成立。即法人组织的目的和宗旨要合法,法人的组织机构、经营范围、经营方式要合法;法人的成立程序也要合法。

第二,有必要的财产或者经费。法人的财产或者经费指法人自有的或能够独立支配的,并与其经营规模或业务活动范围相适应的资金数额。法人如果没有必要的财产和经费,债权人就会面临无法预知的风险,容易产生欺诈,使债权人受到损失。

第三,有自己的名称、组织机构和场所。法人的名称是区别于其他组织、表明该法人性质和业务范围的标志;法人的组织机构是法人行使其职权和从事日常工作或经营活动不可缺少的常设机构;法人的场所是法人从事生产、经营活动的固定地点。这些都是法人具有独立民事主体地位的具体体现。

第四,能够独立承担民事责任。它是指法人能够以自己的名义和自己所有的财产参与民事活动,享有权利和承担义务。

三、民事权利和民事责任

1. 民事权利

民事权利是指法律赋予民事主体所享有的为实现自己利益为一定行为或不为一定行为的可能性。如某人将自家的农产品拿到市场上出售以获利的行为就是在实现自己的收益权。

根据我国民法通则的规定,自然人、法人或其他组织所享有的民事权利主要包括:物权、债权、知识产权和人身权。

(1)物权及其种类(参见本节第五部分)。

(2)债权及其种类。

根据我国民法通则第 84 条规定,债是按照合同的约定或者依照法律的规定，在当事人之间产生的特定的权利和义务关系。享有权利的人是债权人，负有义务的人是债务人。债权就是债权人要求债务人为特定行为的权利。如债权人要求债务人归还到期的借款的权利。

按照债发生根据的不同，债可以分为以下几种：

①合同之债。合同是指当事人之间设立、变更、终止民事法律关系的协议。当事人通过订立合同设立的以债权、债务为内容的民事关系，称为合同之债。如根据购销合同，在两个当事人之间产生的提供货物、得到货款和支付货款、得到货物的权利义务关系，就是一种合同之债。

②不当得利之债。不当得利是指没有法律或合同上的根据而取得利益，使他人受到损害的事实。如买东西时，营业员多找给你的钱就是一种不当得利。由不当得利而产生的债权债务关系就是不当得利之债。受损失的一方有权请求对方返还所得的利益，不当得利的一方有义务向另一方返还其不当得利。

你有过不当得利吗？你是如何处理的？

③无因管理之债。无因管理是指没有法定的或者约定的义务，为避免他人利益受损失而进行管理或者服务的行为。由无因管理而产生的债权债务关系就是无因管理之债。形成无因管理的管理者或服务者有权要求受益人偿付因无因管理而支付的必要费用。

无因管理的行为在日常生活中也叫什么？你有过这样的行为吗？别人对你有过这样的行为吗？

④侵权行为之债。侵权行为是指侵害他人财产或人身权利的不法行为。侵权行为一旦发生，依照法律的规定，侵害人和受害人之间就产生了债权债务关系。由侵权行为产生的债叫侵权行为之债。受害人有权要求加害人赔偿损失，加害人必须依法承担民事责任。

2. 民事责任

民事责任是民事法律责任的简称，是民事主体因违反民事义务或者侵犯他人的民事权利所应当承担的法律后果。如损坏别人财物的，就必须承担损害赔偿责任。根据民法通则的规定，民事责任可分为违反合同的民事责任、侵权的民事责任、不履行其他义务的民事责任三种。其中，侵权的民事责任是学生中间较为常见的一种。

侵权的民事责任是指行为人因自己的过错，实施非法侵犯他人的财产或人身权利的行为，行为人在造成他人权益损害时，所应承担的法律后果。行为人无过错，造成他人权益损害，法律有特别规定的，也应承担侵权责任。

依据责任的构成要件和适用的情况不同，分为一般侵权的民事责任和特殊侵权的民事责任。

(1)一般侵权责任的构成。一般侵权责任是指行为人对由于主观上的过错(故意或过失)而侵害他人的人身权和财产权，并造成实际损害的违法行为所应承担的法律后果。一般侵权民事责任的构成要件包括主观要件和客观要件。客观要件指要有损害后果；加害行为的违法性；违法行为与损害后果之间的因果关系。主观要件指行为需有行为能力，行为人主观上有过错。

阳台上盆花掉落砸伤行人，盆花的主人应不应承担民事责任？

(2)特殊侵权责任是指由特殊侵权行为造成他人损害，依民法的特别规定或民事特别法的规定所应承担的民事责任。如职务侵权致人损害的民事责任、产品瑕疵致人损害的民事责任、污染环境致人损害的民事责任、饲养动物致人损害的民事责任、无民事行为能力人和限制民事行为能力致人损害的民事责任等。

3. 承担民事责任的原则和方式

承担民事责任的原则又称归责原则，是指在民事责任归属时依据的法律原则。

我国民法通则在确认过错责任原则为一般原则的基础上，同时又规定了无过错责任原则及公平责任原则。

(1)过错责任原则是指行为人只有在自己主观上有过错的情况下，才对由自己行为造成的损害承担民事责任。即有过错才承担责任，无过错不承担；谁过错谁承担。过错责任原则适用于一般侵权责任，如损害赔偿责任。

(2)无过错责任原则是指没有过错造成他人损害的，依法律规定应由与造成损害原因的有关人承担民事责任的原则。无过错责任原则适用于特殊侵权的民事责任。如家养的动物伤人，动物主人承担民事责任依据的就是无过错责任原则。

(3)公平责任原则是指在当事人均无过错,而又不适用无过错责任原则,致使受害人重大损失得不到补偿,显失公平的情况下,由当事人分担民事责任的原则。

承担民事责任的方式主要有以下十种:

(1)停止侵害。主要适用于对知识产权和人身权的保护。

(2)排除妨碍。主要适用于财产所有权、经营权、承包权、使用权、相邻权的保护。

(3)消除危险。主要适用于由于其他人的经营活动或财产管理不善而可能带来危险的场合。

(4)返还财产。广泛适用于财产被他人非法占有的情况,特别是对财产所有权的保护。

(5)恢复原状。主要适用于财产被他人损坏或改变,但能通过修复从而恢复其本来面貌的情况。

(6)修理、重做、更换。主要适用于债务人在履行合同时交付的标的物质量不合格时采取的民事责任承担方式。

(7)赔偿损失。这是一种用给付货币等财物的方式补偿受害人损失的民事责任承担方式。它是最常见、最主要、适用范围极广的民事责任承担方式。它既适用于违约责任,也适用于侵权责任;既适用于侵害财产权的责任,也适用于侵犯知识产权和人身权的责任。

(8)支付违约金。它只适用于违反合同的民事责任。

(9)消除影响、恢复名誉。主要适用于对姓名权、名称权、肖像权、荣誉权和知识产权的侵犯。

(10)赔礼道歉。主要适用于对人身权、知识产权的侵犯。

上述十种承担民事责任的方式,可以单独适用,也可以合并适用。

四、民事法律行为

1. 民事法律行为的概念及成立要件

(1)民事法律行为的概念。民事法律行为是指公民或者法人设立、变更、终止民事权利和民事义务的合法行为。如张某将自己的房产以 20 万元的价格转让给了李某,并办理了相应的过户手续,这就是一种民事法律行为。张某通过转让房产的行为失去了对房屋的所有权,得到了房款;李某通过购买房产的行为得到了房产的所有权,支付了房款。双方通过民事法律行为实现了自己的民事权利,履行了自己的民事义务。民事法律行为就相当于民事主体与民事权利、民事义务间的一座桥梁,是民事主体实现权利、履行义务的手段。

刘某今年12岁,因喜欢看动漫书,将家里的金戒指以50元的低价卖给了杂货店老板,将50元都买了动漫书。本案中,杂货店老板和刘某买卖行为法律认可吗?为什么?

(2)民事法律行为的成立要件。民事法律行为必须具备法律规定的条件,才具有法律效力,从而产生民事主体所预期的法律后果。根据民法通则的有关规定,民事法律行为必须具备法律规定的实质要件和形式要件。

①实质要件包括行为人具有相应的民事行为能力;意思表示真实;行为不违反法律或者社会公共利益三个方面。任何一个方面不符合要求,该行为就无效。

②形式要件主要指行为人的意思表示的形式要符合法律的规定。根据民法通则的规定,民事法律行为可以采用书面形式、口头形式或者其他形式。法律规定用特定形式的,应当依照法律规定。

民事法律行为可以采用书面形式,如订合同;或口头形式,如去小店买一瓶水等。一般认为,涉及金额较大或不能当场结清的民事法律行为宜采用书面形式。但有些民事法律行为必须采用特定形式。如结婚必须办理结婚证,购买房产必须办理房产证等。

2. 无效的民事行为

无效的民事行为是指不具备民事法律行为的有效条件,因而不能产生行为人所预期的法律后果的行为。

无效的民事行为主要有:无民事行为能力人实施的民事行为;限制民事行为能力人依法不能独立实施的民事行为;一方以欺诈、胁迫的手段或者乘人之危,使另一方当事人意思表示不真实而实施的民事行为;恶意串通,损害国家、集体和第三人的利益的民事行为;违反法律或者社会公共利益的民事行为;以合法形式掩盖非法目的的民事行为等。

甲为了逃避卖房应缴的税款,假意将房产赠与乙的行为是否有效?为什么?

无效的民事行为的后果,无效民事行为从行为开始起就没有法律约束力。如民事行为部分无效,并且不影响其他部分效力的,其他部分仍然有效。

民事行为被确认无效后,凡尚未履行的则不再履行。已经部分履行或完全履行的,行为人应根据具体情况承担相应的民事责任,包括返还财产,赔偿损失,追缴双方取得的财产,收归国家、集体所有或者返还给第三人。

3. 代理

代理是指代理人在代理权限内以被代理人的名义与第三人实施民事法律行为,而由被代理人承担所产生民事权利义务后果的法律制度。如老张叫同事帮忙将家里的旧家具卖掉,同事将卖得的3000元款项交给老张,就是一种代理行为。

代理是我国公民和法人进行民事活动的重要辅助手段。按照代理权产生的根据不同,代理可以分为委托代理、法定代理和指定代理三种。

(1)委托代理是指代理人根据被代理人的委托而进行的代理。这是现实生活中最为常见的一种代理。如叫别人代理房产的买卖,叫律师代理诉讼等。

(2)法定代理是指法律根据一定的社会关系的存在而设立的代理。它是为无民事行为能力和限制民事行为能力人而设定的。未成年人的监护人就是他的法定代理人。

(3)指定代理是指根据人民法院或指定单位的指定而产生的代理。它是在公民既无委托代理人,又无法定代理人的情况下设定的。

代理适用的范围:代理进行民事法律行为,这是最常见最普遍的一种代理,如签订买卖合同等。代理履行某些行政、财政义务,如代理缴纳税款、代理申请专利、代理申请商标注册登记等。代理诉讼行为,如公民、法人可以委托其他公民或律师参加诉讼活动等。依照国家法律规定或行为的性质必须由本人亲自进行的法律行为,如婚姻登记、演讲等。

案例分析

老李是某大学中文系教授,一次出版社与他约稿,约定老李在3个月内完成一本关于古代文学研究方面的书,出版社负责出版与销售,并支付稿酬20000元,如销量好,还可以给他提成10%。

一个星期后,老李因接到系里的出国讲学任务,感到没有时间完成作品,遂叫他的学生代他撰写该书,署老李的名字,并将20000元稿酬如数交给他。三个月后,他学生完成了该书,交给了出版社。出版社发现书不是老李本人撰写,遂要求与老李解除合同,并要老李返还稿酬,还要老李承担赔偿责任。

请问,出版社的要求合法吗?老李的做法正确吗?为什么?

五、物权法律制度

1. 物权法的基本原则

物权,是指权利人依法对特定物享有直接支配和排他的权利,包括所有权、用益物权和担保物权。如使用权、收益权等就是用益物权;抵押权、质押权、留置权等就是担保物权。

物权法是调整因物的归属和利用而产生的民事关系的基本法律。

我国物权法于 2007 年 3 月 16 日公布,自 2007 年 10 月 1 日起施行。

物权法的基本原则包括物权法定原则、一物一权原则和公示原则。

物权法定原则是指物权只能依法律规定设立,当事人不得创设或变更物权种类、内容、效力、公示方法。物权法第 5 条规定,物权的种类和内容,由法律规定。

一物一权原则是指一个物权客体应以一物为原则,一物之上不能设立两个以上内容相冲突的物权。

公示原则是指当事人以公开的方式使公众知晓物权变动的事实,即物权的变动必须同一定的标志结合起来,如买卖等,使第三人能够从外部加以识别。物权法第 6 条规定,不动产物权的设立、变更、转让和消灭,应当依照法律规定登记。动产物权的设立和转让,应当依照法律规定交付。

物权法第一章基本原则的内容如下:

第一条　为了维护国家基本经济制度,维护社会主义市场经济秩序,明确物的归属,发挥物的效用,保护权利人的物权,根据宪法,制定本法。

第二条　因物的归属和利用而产生的民事关系,适用本法。

本法所称物,包括不动产和动产。法律规定权利作为物权客体的,依照其规定。

本法所称物权,是指权利人依法对特定的物享有直接支配和排他的权利,包括所有权、用益物权和担保物权。

第三条　国家在社会主义初级阶段,坚持公有制为主体、多种所有制经济共同发展的基本经济制度。

国家巩固和发展公有制经济,鼓励、支持和引导非公有制经济的发展。

国家实行社会主义市场经济,保障一切市场主体的平等法律地位和发展权利。

第四条　国家、集体、私人的物权和其他权利人的物权受法律保护,任何单位和个人不得侵犯。

第五条　物权的种类和内容,由法律规定。

第六条　不动产物权的设立、变更、转让和消灭,应当依照法律规定登记。动产物权的设立和转让,应当依照法律规定交付。

第七条　物权的取得和行使,应当遵守法律,尊重社会公德,不得损害公共利益和他人合法权益。

第八条　其他相关法律对物权另有特别规定的,依照其规定。

2. 物权的保护

物权的保护是指按照法律规定的方法和程序,对物权人的物权进行保护。根据物权法的规定,物权的保护包括物权的确认和物上请求权。

(1)物权的确认指因物权的归属、内容发生争议的,利害关系人可以请求确认权利。物权的确认主要是确认所有权的归属和他物权(如土地使用权)的确认。确认的机关必须是有关行政机关或法院,不能自行确认。物权的确认是物权保护的前提。

(2)物上请求权指物权人在其物被侵害或有可能遭受侵害时,有权请求侵害人返还原物、恢复原状、停止侵害、消除危险、排除妨害。

3. 所有权(业主的建筑物区分所有权)

根据物权法第70、71、72、73、74条的规定,业主的建筑物所有权有以下内容:

业主对建筑物内的住宅、经营性用房等专有部分享有所有权,对专有部分以外的共有部分享有共有和共同管理的权利。

业主对其建筑物专有部分享有占有、使用、收益和处分的权利。业主行使权力不得危及建筑物的安全,不得损害其他业主的合法权益。

业主对建筑物专有部分以外的共有部分,享有权利,承担义务;不得以放弃权利不履行义务。

业主转让建筑物内的住宅、经营性用房,其对共有部分享有的共有和共同管理的权利一并转让。

建筑区划内的道路,属于业主共有,但属于城镇公共道路的除外。建筑区划内的绿地,属于业主共有,但属于城镇公共绿地或者明示属于个人的除外。建筑区划内的其他公共场所、公用设施和物业服务用房,属于业主共有。

建筑区划内,规划用于停放汽车的车位、车库应当首先满足业主的需要。

建筑区划内,规划用于停放汽车的车位、车库的归属,由当事人通过出售、附赠或者出租等方式约定。

占用业主共有的道路或者其他场地用于停放汽车的车位,属于业主共有。

野蛮装修,将私人物品堆放在楼梯间,物业将小区内的公共用地划成停车位出租对吗?

第二节　合同法基本知识

一、合同法概述

合同是平等主体的自然人、法人、其他组织之间设立、变更、终止民事权利义务关系的协议。婚姻、收养、监护等有关身份关系的协议,适用其他法律的规定。

订立合同是我们生活中经常发生的民事法律行为,如我们通过房屋租赁合同取得房屋的租住权(租房),通过买卖合同取得商品的所有权等(购物)。

《中华人民共和国合同法》(以下简称合同法)于 1999 年 3 月 15 日由第九届全国人民代表大会第二次会议审议通过,自 1999 年 10 月 1 日起施行。合同法包括总则、分则和附则三大部分,共 23 章。分别对合同的订立、效力、履行、变更和转让、权利义务终止、违约责任等共同性问题作了明确规定,还对买卖合同,供用电、水、气、热力合同,赠与合同,借款合同,租赁合同,融资租赁合同,承揽合同,建设工程合同,运输合同,技术合同,保管合同,仓储合同,委托合同,行纪合同,居间合同等十五类合同作了具体的规定。

合同法总则第 1 章对合同法的基本原则作了明确的规定。

(1)平等、自愿原则。合同法第 3 条规定:“合同当事人的法律地位平等。”此项规定明确指出,当事人无论是有什么身份,其在合同关系中相互之间的法律地位是平等的,都是独立的、享有平等主体资格的合同当事人。合同法第 4 条规定:“当事人依法享有自愿订立合同的权利,任何单位和个人不得非法干预。”法律地位平等是自愿原则的前提,自愿原则是平等原则的体现和落实。

(2)公平、诚实信用原则。合同法第 5 条规定:“当事人应当遵循公平原则确定各方的权利和义务。”合同法第 6 条规定:“当事人行使权利、履行义务应当遵循诚实信用原则。”公平、诚实信用是民事活动最重要的基本原则之一。公平、诚实信用原则,要求当事人在订立和履行合同,以及合同终止后的全过程中,都要讲诚实,重信用,相互协作,不得滥用权利。

(3)遵守法律、维护社会公共利益的原则。合同法第 7 条规定:“当事人订立、履行合同,应当遵守法律、行政法规,尊重社会公德,不得扰乱社会经济秩序,损害社会公共利益。”遵守法律和不得损害社会公共利益,是合同法的重要基本原则之一。

(4)依法成立的合同对当事人具有约束力的原则。合同法第 8 条规定:“依法成立的合同,对当事人具有法律约束力。当事人应按照约定履行自己的义务,不得擅自变更或者解除合同。”订立合同实行自愿原则,但是,依法成立的合同,对当事人具有法律约束力,受法律保护。当事人应按照合同的约定履行各自的义务,非依法律规定或者取得相对人的同意,不得擅自变更或者解除合同;如果不履行合同义务或者履行合同义务不符合约定,必须承担违约责任或者受到法律的制裁。

(5)依法成立的合同受保护原则。

二、合同的订立

1. 合同的订立概述

合同的订立是指当事人就合同的主要条款经协商达成一致的过程。合同的订立过程包括要约和承诺两个阶段。

(1)要约,是指一方当事人向另一方当事人发出订立合同的意思表示。

平时街上卖早点的吆喝声是不是要约?

要约有如下要求:

首先,要约必须是意思表示。也就是说,要约是一种意思表示,不是无意识的行为。

其次,要约必须是一种希望和要约相对人订立合同的意思表示。要约是对特定人的意思表示,目的是为了和对方缔结合同。

再次,要约的内容必须具体而确定。也就是说,要约必须包含合同的主要条款。如某人吆喝,生煎包 3 角一个,便包含了合同的主要条款。

最后,要约一经被人接受,要约人便受要约内容的约束。如卖生煎包的,有人来买,必须以 3 角一个的价格卖给别人。

(2)承诺,是指受要约人向要约人作出同意要约的意思表示。

某人去自由市场购物。当商铺老板向他介绍手表 40 元一只时,他还价 20 元一只。请问,他的行为是不是承诺?

承诺的条件如下：

第一，承诺必须是受要约人向要约人发出。例如，甲向乙发出要约，而旁边的丙表示同意，这时丙的行为并不是承诺。

第二，承诺是受要约人同意要约的意思表示。

第三，承诺的内容必须与要约的内容完全一致。如承诺的内容与要约的不一致，则构成了新要约。例如，甲问乙皮鞋 100 元一双要不要买，乙则说 85 元一双他才买。乙的回答构成了新要约。

第四，承诺必须在要约有效期内作出。要约规定有承诺期限的，必须在期限内作出，超过期限的答复只能看作新要约。要约以对话方式作出的，应当即时作出承诺，但当事人另有约定的除外；要约以非对话方式作出的，承诺应当在合理期限内到达；要约以信件或者电报作出的，承诺期限自信件载明的日期或者电报交发之日开始计算，信件未载明日期的，自投寄该信件的邮戳日期开始计算；要约以电话、传真等快速通信方式作出的，承诺期限自要约到达受要约人时开始计算。采用数据电文形式订立合同，收件人指定特定系统接收数据电文的，该数据电文进入该特定系统的时间，视为到达时间；未指定特定系统的，该数据电文进入收件人的任何系统的首次时间，视为到达时间。

合同的生效承诺于到达要约人时生效，承诺生效时合同成立。依法成立的合同，自成立时生效。

2. 合同的内容和形式

(1)合同的内容。合同的内容由当事人约定，一般包括：当事人的名称或者姓名和住所，标的，数量，质量，价款或者报酬，履行期限、地点和方式，违约责任，解决争议的方法。

(2)合同的形式。当事人订立合同，有书面形式、口头形式和其他形式。法律、行政法规规定采用书面形式的，应当采用书面形式。当事人约定采用书面形式的，应当采用书面形式。

三、合同的效力和违约责任

1. 合同的效力

合同的效力是指依法订立的合同所产生的法律后果。

合同法第 8 条规定："依法成立的合同，对当事人具有法律约束力。当事人应当按照约定履行自己的义务，不得擅自变更或者解除合同。"

合同订立后，在双方当事人之间产生了权利义务关系，对双方当事人均具有约束力，双方都必须履行合同。一方违反合同，另一方有权请求法院强制违约方履行合同。

合同的履行是指合同生效后，当事人按照合同的约定实施一定的行为。如交付货物、完成工作、支付价款等。

根据合同法第60条的规定："当事人应当按照约定全面履行自己的义务。当事人应当遵循诚实信用原则，根据合同的性质、目的和交易习惯履行通知、协助、保密等义务。"合同履行的原则有两项：全面履行和实际履行。

(1)全面履行，是指依照合同约定的标的、质量、数量、履行期限、履行地点、履行方式等内容全面履行自己的义务。这是衡量合同履行程度和违约责任的一个基本尺度。如合同要求将物资运送到指定仓库的，债务人不能因图方便而堆放在马路上等。

(2)实际履行，是指合同当事人应按照合同规定的标的履行，不能以其他标的物代替。即使发生违约，也不能以偿付违约金、赔偿金的方式代替履行合同。对方要求继续履行合同时，仍应继续履行。当事人在履行合同过程中要互相合作，根据合同的性质、目的和交易习惯履行通知、协助、保密等义务。如在大宗物资交付时，应履行告知义务；在债务人履行债务时，债权人无正当理由不得拒收等。

2. 违约责任

违约是指合同当事人没有按照合同的约定履行自己的义务。

违约责任是违约一方应承担的法律后果。

当事人一方不履行合同义务或者履行合同义务不符合约定的，应当承担继续履行、采取补救措施或者赔偿损失等违约责任。

当事人一方不履行合同义务或者履行合同义务不符合约定的，在履行义务或者采取补救措施后，对方还有其他损失的，应当赔偿损失。

当事人一方不履行合同义务或者履行合同义务不符合约定，给对方造成损失的，损失赔偿额应当相当于因违约所造成的损失。

当事人可以约定一方违约时，应当根据违约情况向对方支付一定数额的违约金，也可以约定因违约产生的损失赔偿额的计算方法。

当事人可以依照《中华人民共和国担保法》约定一方向对方给付定金作为债权的担保。债务人履行债务后，定金应当抵作价款或者收回。给付定金的一方不履行约定债务的，无权要求返还定金；收受定金的一方不履行约定的债务的，应当双倍返还定金。

第三节　婚姻家庭法基本知识

一、概述

婚姻家庭法是指调节夫妻之间、父母子女之间的人身财产关系的法律规范的总称。婚姻家庭法主要包括婚姻法和继承法两部基本法律。

1. 婚姻法

我国现行婚姻法于1980年9月10日第五届全国人民代表大会第三次会议通过。根据2001年4月28日第九届全国人民代表大会常务委员会第二十一次会议《关于修改〈中华人民共和国婚姻法〉的决定》修正。

婚姻法的基本原则如下：

第一，婚姻自由原则。是指婚姻双方当事人有权按照法律的规定，决定自己的婚姻问题，任何人不得强制和干涉。婚姻自由包括结婚自由和离婚自由两个方面。

第二，一夫一妻制原则。任何人都只能有一个配偶，已婚者在配偶死亡或离婚前不得再结婚，任何人都不得有公开的或隐蔽的一夫多妻或一妻多夫的两性关系。

第三，男女平等原则。是指男女双方在婚姻家庭中的法律地位平等，平等地享受权利和平等地承担义务。

第四，保护妇女、儿童和老人合法权益的原则。

第五，计划生育原则。夫妻双方都有义务实行计划生育。

2. 继承法

我国现行继承法于1985年4月10日第六届全国人民代表大会第三次会议通过。

继承法的基本原则如下：

第一，继承权男女平等原则。继承法第9条规定："继承权男女平等。"

第二，养老育幼的原则。继承法第12条规定："丧偶儿媳对公、婆，丧偶女婿对岳父、岳母，尽了主要赡养义务的，作为第一顺序继承人。"继承法第13条规定："对生活有特殊困难的缺乏劳动能力的继承人，分配遗产时，应当予以照顾。对被继承人尽了主要扶养义务或者与被继承人共同生活的继承人，分配遗产时，可以多分。有扶养能力和有扶养条件的继承人，不尽扶养义务的，分配遗产时，应当不分或者少分。"继承法第28条规定："遗产分割时，应当保留胎儿的继承份额”等，都体现了这一原则。

第三，和睦团结、互谅互让的原则。继承法第 15 条规定：“继承人应当本着互谅互让、和睦团结的精神，协商处理继承问题。遗产分割的时间、办法和份额，由继承人协商确定。协商不成的，可以由人民调解委员会调解或者向人民法院提起诉讼。”

二、婚姻家庭法的重要制度

1. 结婚制度

结婚又称婚姻的成立，是指男女双方按照法律规定的条件和程序，建立夫妻关系的民事法律行为。

结婚的要件，是指婚姻成立所必须遵循的法定条件，如婚龄、程序等。结婚要件包括实质要件和形式要件。

(1)实质要件：结婚当事人本身以及双方之间的关系必须符合的法定条件，通常又分为必备要件和禁止要件。

①结婚的必备条件：首先，男女必须双方完全自愿。指男女双方建立婚姻关系的意思表示真实一致，即具有结婚的合意。其次，必须达到法定婚龄。结婚年龄，男不得早于 22 周岁，女不得早于 20 周岁。晚婚是指男 25 周岁，女 23 周岁以上结婚。晚育是指女子 24 周岁后生第一胎。法定婚龄具有强制效力。我国鼓励提倡晚婚晚育。

②结婚的禁止要件：首先，有配偶者不得结婚。根据“一夫一妻制”原则的要求，结婚当事人双方在结婚时必须处于无配偶的状态，即未婚、离婚或丧偶。其次，禁止一定范围内的亲属间结婚。婚姻法第 7 条第 1 款规定，直系血亲和三代以内的旁系血亲，禁止结婚。再次，禁止患有特定疾病的人结婚。婚姻法第 7 条第 2 款规定，患有医学上认为不应当结婚的疾病，禁止结婚；指定传染病在传染期内：艾滋病、淋病、梅毒、麻风病等医学上认为影响结婚和生育的疾病；有关精神病在发病期内：精神分裂症、躁狂抑郁症以及其他重型精神病；患有医学上认为不宜生育的严重遗传性疾病，又不同意医生意见决定不生育的。

(2)形式要件：指婚姻成立的程序或方式。

结婚的形式要件：要求婚姻成立必须履行法定方式，进行登记。我国婚姻法第 8 条规定，要求结婚的男女双方必须亲自到婚姻登记机关进行结婚登记。符合本法规定的，予以登记，发给结婚证。取得结婚证，即确立夫妻关系。

小知识

婚姻登记的机关:2003 年 10 月 1 日施行的《婚姻登记条例》第 2 条规定:“内地居民办理婚姻登记的机关是县级人民政府民政部门或者乡(镇)人民政府,省、自治区、直辖市人民政府可以按照便民原则确定农村居民办理婚姻登记的具体机关。中国公民同外国人,内地居民同香港居民、澳门居民、台湾居民、华侨办理婚姻登记的机关是省、自治区、直辖市人民政府民政部门或者省、自治区、直辖市人民政府民政部门确定的机关。”

结婚登记的程序:

1. 申请

办理结婚登记的内地居民应当出具下列证件和证明材料:

(1)本人的户口簿、身份证;

(2)本人无配偶以及与对方当事人没有直系血亲和三代以内旁系血亲关系的签字声明。

2. 审查

婚姻登记机关应当对结婚登记当事人出具的证件、证明材料进行审查并询问相关情况。办理结婚登记的当事人有下列情形之一的,婚姻登记机关不予登记:

(1)未到法定结婚年龄的;

(2)非双方自愿的;

(3)一方或者双方已有配偶的;

(4)属于直系血亲或者三代以内旁系血亲的;

(5)患有医学上认为不应当结婚的疾病的。

3. 登记

对当事人符合结婚条件的,应当当场予以登记,发给结婚证;对当事人不符合结婚条件不予登记的,应当向当事人说明理由。

2. 离婚制度

离婚是夫妻双方依照法律的规定解除婚姻关系的行为。离婚必须遵循下列两个原则:

首先,保障离婚自由。离婚自由是婚姻自由的一个重要方面。没有离婚自由,就没有真正的婚姻自由。

婚姻应当是以男女双方爱情为基础的,由于种种原因,如果夫妻双方感情确已破裂,又无和好可能,强行维持这种名存实亡的婚姻关系,不仅会给双方带来痛苦,而且对子女、家庭和社会也是无益的。实行离婚自由,就可以通过法定程序解除那些已经失去存在意义的死亡婚姻关系,使当事人从精神痛苦中解脱出来，重建幸福美满的家庭。要保障离婚自由，我们必须反对包办买卖婚姻，克服在离婚问题上的旧思想旧观念。

其次，反对轻率离婚。保障离婚自由，并不意味着可以轻率离婚。在我国，离婚自由不是绝对的而是相对的，不是无条件的而是有条件的，是受法律规定限制的自由。只有在夫妻感情完全破裂又无和好可能时，才允许用离婚这种迫不得已的办法来解决。因为离婚意味着家庭离散，毕竟会给当事人双方、子女、家庭和社会产生一些消极的不良影响。因而，在离婚问题上，我们要在保障离婚自由的同时，防止轻率离婚，反对一切任意性和滥用离婚自由权利的行为。

离婚的程序包括行政程序和诉讼程序。

(1)行政程序，是指双方同意经过登记而离婚的程序。离婚登记机关是基层人民政府的婚姻登记机关。婚姻法第 31 条规定，男女双方自愿离婚的，准予离婚。双方必须到婚姻登记机关申请离婚。婚姻登记机关查明双方确实是自愿并对子女和财产问题已有适当处理时，发给离婚证。

(2)诉讼程序，是指男女一方要求离婚，经人民法院诉讼而离婚的程序。婚姻法第 32 条规定，男女一方要求离婚的，可由有关部门进行调解或直接向人民法院提出离婚诉讼。人民法院审理离婚案件，应当进行调解；如感情确已破裂，调解无效，应准予离婚。有下列情形之一，调解无效的，应准予离婚：

①重婚或有配偶者与他人同居的；

②实施家庭暴力或虐待、遗弃家庭成员的；

③有赌博、吸毒等恶习屡教不改的；

④因感情不和分居满两年的；

⑤其他导致夫妻感情破裂的情形。

小知识

爸爸妈妈离婚了，谁来管我？我国婚姻法规定：父母与子女间的关系，不因父母离婚而消除。离婚后，子女无论由父或母直接抚养，仍是父母双方的子女。离婚后，父母对于子女仍有抚养和教育的权利和义务。离婚后，哺乳期内的子女，以随哺乳的母亲抚养为原则。哺乳期后的子女，如双方因抚养问题发生争执不能达成协议时，由人民法院根据子女的权益和双方的具体情况判决。

离婚后，一方抚养的子女，另一方应负担一部分或全部的必要的生活费和教育费，负担费用的多少和期限的长短，由双方协议；协议不成时，由人民法院判决。

关于子女生活费和教育费的协议或判决，不妨碍子女在必要时向父母任何一方提出超过协议或判决原定数额的合理要求。

离婚后,不直接抚养子女的父或母,有探望子女的权利,另一方有协助的义务。

行使探望权利的方式、时间由当事人协议;协议不成时,由人民法院判决。

父或母探望子女,不利于子女身心健康的,由人民法院依法中止探望的权利;中止的事由消失后,应当恢复探望的权利。

3. 继承制度

继承是指自然人死亡后,由法律规定的一定范围内的人或遗嘱指定的人依法取得死者遗留的个人合法财产的法律制度。

自然人继承遗产的方式有法定继承和遗嘱继承。遗嘱继承的效力高于法定继承。有遗嘱的,按遗嘱继承,不能按法定继承。法定继承只能在没有遗嘱继承或遗嘱继承无效的情况下适用。

(1)法定继承,是指继承人范围、继承顺序、遗产分配原则等均按法律规定进行的继承方式。

法定继承人的范围和继承顺序:第一顺序法定继承人包括配偶,子女(包括:婚生子女、非婚生子女、养子女和相互之间形成抚养关系的继子女),父母,丧偶儿媳对公、婆,丧偶女婿对岳父母,尽了主要赡养义务的,作为第一顺序继承人。第二顺序法定继承人包括兄弟姐妹(兄弟姐妹包括同父母的兄弟姐妹、同父异母或者同母异父的兄弟姐妹、养兄弟姐妹、有扶养关系的继兄弟姐妹)、祖父母、外祖父母。

有第一顺序继承人的,第二顺序继承人不得继承;没有第一顺序继承人或者第一顺序继承人均丧失了继承权或者放弃了继承权的,由第二顺序继承人继承。同一顺序继承人之间继承权平等,除了例外情形均平等地分配遗产。

(2)遗嘱继承,是指由被继承人生前所立的遗嘱来指定继承人及其继承的遗产种类、数额的继承方式。

遗嘱是立遗嘱人生前对其遗产所作的处分或对其他身后事务所作的安排,并在死亡时发生效力的单方民事法律行为。

遗嘱的有效要件包括具备法定的实质要件和形式要件。

1. 遗嘱的实质要件

(1)遗嘱人有遗嘱能力。

立遗嘱人在立遗嘱时必须具备完全行为能力,立遗嘱人在立遗嘱当时是无行为能力人和限制行为能力人的,所立的遗嘱无效。

(2)遗嘱是遗嘱人的意思表示无瑕疵。

受欺诈、胁迫所立的遗嘱无效,而不是可撤销。

(3)遗嘱的内容合法并不得违背社会公共利益。

①遗嘱应当对缺乏劳动能力又没有生活来源的继承人保留必要的遗产份额,否则其遗嘱部分无效,即应当扣除出该部分遗产,剩下的部分有效。

②遗嘱人以遗嘱处分了属于国家、集体或他人所有的财产,遗嘱的这部分,应认定无效。

(4)遗嘱继承人在继承开始时必须生存,若遗嘱继承人先于被继承人死亡的遗嘱,则该部分内容无效。

2. 遗嘱的形式要件

(1)遗嘱的形式。

遗嘱应当采取下列五种形式之一:公证遗嘱、自书遗嘱、代书遗嘱、录音遗嘱、口头遗嘱五种。对此应当注意以下三点:

①代书遗嘱、录音遗嘱、口头遗嘱须有两个以上见证人在场见证。

②在这五种形式中,公证遗嘱的效力最强,若其他遗嘱的内容和公证遗嘱的内容冲突,无论公证遗嘱订立的时间先后均优先适用。

③口头遗嘱只能在因情况紧急而来不及订立其他遗嘱时才能使用,并且紧急情况解除后应当采取其他形式订立遗嘱,否则口头遗嘱无效。

(2)不得作见证人的有:

①无行为能力人、限制行为能力人;

②继承人、受遗赠人;

③与继承人、受遗赠人有利害关系的人。

第四节 知识产权法基本知识(选讲)

知识产权又称智力成果权,是指自然人、法人对自己的创造性的智力活动成果依法享有包括人身权利和财产权利在内的民事权利。也就是说,知识产权是以一定智力成果为客体的民事权利。

知识产权具有以下特点:

首先,知识产权的客体是无形的。知识产权的客体是一种精神产品,它没有外在的形体。当然,这种无形的客体需要有形的物质作为它的载体。如歌曲可以刻录成光盘、电影可以制作成胶片,但知识产权并不是指光盘或胶片,而是由光盘和胶片作为载体的一种精神产品。

其次,它是对同一客体同时可以享有人身权和财产权的民事权利,这是知识产权最基本的法律特征。如著作权中,电影制作人可以通过许可他人放映电影而获得报酬;作者的身份是不能被别人替代的,等等。

再次,客体须有能为人所感知的客观形式和首创性、新颖性。如发明就必须具有首创性。

最后,知识产权具有专用性、时间性和地域性。所谓专用性就是专有性、独占性,即除了权利人和被权利人许可的主体外,都不能享有这种权利。知识产权的专有权只有在权利取得国有效,不具有域外效力,除了参加国际公约或双边保护协定的国家。知识产权的保护也是有时间限制的。一旦超出法律规定的期限,其客体也就成了整个社会的共同财富,不再具有专有性。

在我国,知识产权主要包括著作权、专利权和商标权。在此介绍一下商标权。

1. 商标和商标权

(1)商标,是指生产者、经营者为使自己商品或服务与他人的商品或服务相区别,而使用在商品及其包装上或服务标记上的,由文字、图形、字母、数字、三维标志和颜色组合,以及上述要素的组合所构成的一种可视性标志。

商标的特征:

第一,商标是用于商品或服务上的标记,与商品或服务不能分离,并依附于商品或服务。

第二,商标是区别于他人商品或服务的标志,具有特别显著性的区别功能,从而便于消费者识别。商标的构成是一种艺术创造。

第三,商标是由文字、图形、字母、数字、三维标志和颜色组合,以及上述要素的组合所构成的可视性标志。

第四,商标具有独占性。使用商标的目的就是为了区别与他人的商品或服务,便于消费者识别。所以,注册商标所有人对其商标具有专用权,受到法律的保护,未经商标权所有人的许可,任何人不得擅自使用与该注册商标相同或相类似的商标,否则,即构成侵犯注册商标权所有人的商标专用权,将承担相应的法律责任。

第五,商标是一种无形资产,具有一定的价值。

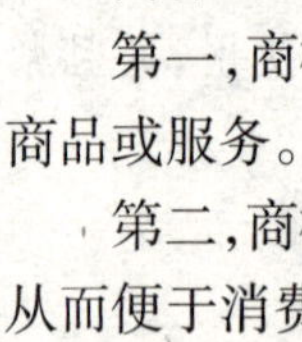

日常生活中见过哪些商标?它们分别由什么构成?

(2)商标权,是指商标所有人依法对自己注册的商标享有的专用权。

注册商标是指商标注册申请人向国家工商行政管理总局商标局提出商标注

册申请并获得核准的文字、图形或其组合标志。

商标为什么要注册?

商标未注册会造成以下后果:

(1)一个企业使用的商标不经过注册,最致命的弱点是商标使用人对该商标不享有商标专用权。就是说你使用这个商标,别人也可以使用这个商标,这就使商标标明商品来源的基本作用受到了影响,也导致商标代表一定商品质量和信誉的作用大打折扣。

(2)一旦他人将该商标抢先注册,该商标的最先使用人反而不能再使用该商标。

(3)未注册商标有可能与使用在相同或类似商品上的已注册商标相同或者近似,从而发生侵权行为。

(4)未注册商标不能形成工业产权,因此也不能成为使用人的无形资产。

使用在商标上的符号:

TM——商标符,指已经向商标局登记(申请注册)或持有人声明拥有权利的商品商标。

SM——同上,用于服务商标。

R——注册符,指已经商标局核准注册的商标。

商标不得使用下列文字、图形:

(1)与中华人民共和国的国家名称、国旗、国徽、军旗、勋章相同或者近似的。

(2)与外国的国家名称、国旗、国徽、军旗相同或者近似的。

(3)与政府间国际组织的旗帜、徽记、名称相同或者近似的。

(4)与“红十字”、“红新月”的标志、名称相同或者近似的。

(5)本商品的通用名称和图形。

(6)直接表示商品的质量、主要原料、功能、用途、质量、数量及其他特点的。

(7)带有民族歧视性的。

(8)夸大宣传并带有欺骗性的。

(9)有害于社会主义道德风尚或者有其他不良影响的。

县级以上行政区划的地名或者公众知晓的外国地名,不得作为商标,但是,地名具有其他含义的除外;已经注册的使用地名的商标继续有效。

2. 侵犯商标权的法律责任

常见的侵犯商标权行为有:

(1)使用侵权，是指未经注册商标所有人许可，在同一种或类似商品或服务上使用与其注册商标相同或近似的商标的行为。使用侵权是实践中常见的一类商标侵权行为。

(2)销售侵权，是指销售侵犯注册商标专用权的商品的行为。

(3)反向假冒侵权，反向假冒侵权是指未经商标注册人同意，更换其注册商标并将该更换商标的商品又投入市场的行为。

侵犯商标权的法律责任包括民事责任、行政责任和刑事责任。

(1)商标侵权行为的民事责任包括停止侵害、赔偿损失、消除影响等。

小知识

根据《中华人民共和国商标法》第56条、第57条的规定，侵犯商标专用权的赔偿数额，为侵权人在侵权期间因侵权所获得的利益，或者被侵权人在被侵权期间因被侵权所受到的损失，包括被侵权人为制止侵权行为所支付的合理开支。前款所称侵权人因侵权所得利益，或者被侵权人因被侵权所受损失难以确定的，由人民法院根据侵权行为的情节判决给予五十万元以下的赔偿。

商标注册人或者利害关系人有证据证明他人正在实施或者即将实施侵犯其注册商标专用权的行为，如不及时制止，将会使其合法权益受到难以弥补的损害的，可以在起诉前向人民法院申请采取责令停止有关行为和财产保全的措施。

(2)侵犯商标权的行政责任，即工商行政管理部门依照商标管理法规，对商标侵权行为有权作出行政处罚。

(3)侵犯商标权的刑事责任，即对严重侵权的行为规定了行为人的刑事责任。

小知识

《中华人民共和国商标法》第59条规定，未经商标注册人许可，在同一种商品上使用与其注册商标相同的商标，构成犯罪的，除赔偿被侵权人的损失外，依法追究刑事责任。伪造、擅自制造他人注册商标标志或者销售伪造、擅自制造的注册商标标志，构成犯罪的，除赔偿被侵权人的损失外，依法追究刑事责任。销售明知是假冒注册商标的商品，构成犯罪的，除赔偿被侵权人的损失外，依法追究刑事责任。

《中华人民共和国刑法》第213条、第214条、第215条规定，未经注册商标所有人许可，在同一种商品上使用与其注册商标相同的商标，情节严重的，处三年以下有期徒刑或者拘役，并处或者单处罚金；情节特别严重的，处三年以上七年以下有期徒刑，并处罚金。销售明知是假冒注册商标的商品，销售金额数额较大的，处三年以下有期徒刑或者拘役，并处或者单处罚金；销售金额数额巨大的，处三年以上七年以下有期徒刑，并处罚金。伪造、擅自制造他人注册商标标志或者销售伪造、擅自制造的注册商标标志，情节严重的，处三年以下有期徒刑、拘役或者管制，并处或者单处罚金；情节特别严重的，处三年以上七年以下有期徒刑，并处罚金。

第五节　民事诉讼法的基本知识

一、概述

1. 民事诉讼的概念

民事诉讼是指当事人之间因民事权益矛盾或者经济利益冲突，向人民法院提起诉讼，人民法院立案受理，在双方当事人和其他诉讼参与人的参加下，经人民法院审理，解决矛盾和冲突的活动。

王某家的狗将李某咬了一口。因双方就赔偿问题无法达成一致，李某向人民法院提起的要求王某赔偿其医药费、营养费、误工费等费用的诉讼就是民事诉讼。

民事诉讼法是规定人民法院和一切诉讼参与人，在审理民事案件中所进行的各项诉讼活动以及由此而产生的各种诉讼关系的法律规范的总和。

2. 民事诉讼的主管和管辖

民事诉讼的主管又称民事诉讼的受案范围，是指人民法院审理民事纠纷案件的权限，以及人民法院同其他机关和组织之间解决民事纠纷案件权限范围上的分工。

人民法院主管的民事案件范围：

第一，民法、婚姻法调整的因财产关系及与财产关系相联系的人身关系产生的民事案件。如财产所有权、用益物权、担保物权、无因管理、不当得利、身份权和人格权等纠纷；婚姻、赡养、扶养、抚育和继承等纠纷。

第二，经济法调整的因经济关系所发生的各类纠纷，如因不正当竞争行为引发的损害赔偿案件。

第三，劳动法调整的因劳务关系所发生的纠纷。我国劳动法规定，劳动者与用人单位之间应签订确立劳动关系、明确双方权利和义务的协议法。在订立、履行、解除劳动过程中所发生的劳动争议，首先向劳动仲裁委员会申请解决，对该委员会裁决不服的可向法院起诉。

第四，其他法规调整的社会关系发生的纠纷，法律明文规定（既包括实体法的规定，也包括程序法的规定）依照民事诉讼法审理的案件。如环境污染所引起的损害赔偿案件，选民资格案件，宣告失踪人失踪和宣告失踪人死亡案件等。

第五，最高人民法院规范性文件规定的案件。如2001年9月1日公布的《最高人民法院关于海事法院受理案件范围的若干规定》将海事法院的受案范围规定为海事侵权纠纷案件、海商合同纠纷案件、其他海事海商纠纷案件、海事执行案件等。

————摘自 www.law - China.com

民事诉讼的管辖是指各级人民法院之间和同级人民法院之间，受理第一审民事案件的分工和权限。

主管解决的是人民法院和其他机关、团体在解决民事纠纷上的分工；而管辖则进一步解决确定由人民法院主管的民事诉讼在人民法院内部的分工。

按照我国民事诉讼法的规定，管辖分为级别管辖、地域管辖、移送管辖和指定管辖四大类。

(1)级别管辖，是指划分上下级法院之间受理第一审民事案件的分工权限的管辖。

小知识

级别管辖的规定：

第一，基层人民法院管辖的第一审民事案件。民事诉讼法第18条规定，基层人民法院管辖第一审民事案件，但本法另有规定的除外。也就是说，绝大部分第一审民事案件都由基层人民法院管辖。

第二，中级法院管辖的第一审民事案件。

根据民事诉讼法第四条的规定，中级人民法院管辖的第一审民事案件有下列三种：

重大涉外案件。根据有关司法解释的规定，重大涉外案件是指争议标的额大，或者案情复杂，或者居住在国外的当事人人数众多的涉外案件。

在本辖区内有重大影响的案件。

最高人民法院确定由中级法院管辖的案件。

第三，高级人民法院管辖的第一审民事案件。

民事诉讼法第20条规定，高级人民法院管辖在本辖区有重大影响的第一审民事案件。那些在全省、自治区和直辖市有重大影响的案件由高级法院管辖。

第四，最高法院管辖的第一审民事案件。最高法院管辖的第一审民事案件有两种，一种是在全国范围内有重大影响的案件；另一种是最高法院认为应由其审理第一审民事案件。

(2)地域管辖，是指确定同级法院之间在各自辖区受理第一审民事案件的分工和权限的管辖。

小知识

我国民事诉讼法对地域管辖的规定：

第22条，对公民提起的民事诉讼，由被告住所地人民法院管辖；被告住所地与经常居住地不一致的，由经常居住地人民法院管辖。

对法人或者其他组织提起的民事诉讼，由被告住所地人民法院管辖。

同一诉讼的几个被告住所地、经常居住地在两个以上人民法院辖区的，各该人民法院都有管辖权。

第23条，下列民事诉讼，由原告住所地人民法院管辖；原告住所地与经常居住地不一致的，由原告经常居住地人民法院管辖：

(一)对不在中华人民共和国领域内居住的人提起的有关身份关系的诉讼；

(二)对下落不明或者宣告失踪的人提起的有关身份关系的诉讼；

(三)对被劳动教养的人提起的诉讼；

(四)对被监禁的人提起的诉讼。

第24条，因合同纠纷提起的诉讼，由被告住所地或者合同履行地人民法院管辖。

第25条，合同的双方当事人可以在书面合同中协议选择被告住所地、合同履行地、合同签订地、原告住所地、标的物所在地人民法院管辖，但不得违反本法对级别管辖和专属管辖的规定。

第26条，因保险合同纠纷提起的诉讼，由被告住所地或者保险标的物所在地人民法院管辖。

第27条，因票据纠纷提起的诉讼，由票据支付地或者被告住所地人民法院管辖。

第28条，因铁路、公路、水上、航空运输和联合运输合同纠纷提起的诉讼，由运输始发地、目的地或者被告住所地人民法院管辖。

第29条，因侵权行为提起的诉讼，由侵权行为地或者被告住所地人民法院管辖。

第30条，因铁路、公路、水上和航空事故请求损害赔偿提起的诉讼，由事故发生地或者车辆、船舶最先到达地、航空器最先降落地或者被告住所地人民法院管辖。

第 31 条,因船舶碰撞或者其他海事损害事故请求损害赔偿提起的诉讼,由碰撞发生地、碰撞船舶最先到达地、加害船舶被扣留地或者被告住所地人民法院管辖。

第 32 条,因海难救助费用提起的诉讼,由救助地或者被救助船舶最先到达地人民法院管辖。

第 33 条,因共同海损提起的诉讼,由船舶最先到达地、共同海损理算地或者航程终止地的人民法院管辖。

第 34 条,下列案件,由本条规定的人民法院专属管辖:

(一)因不动产纠纷提起的诉讼,由不动产所在地人民法院管辖;

(二)因港口作业中发生纠纷提起的诉讼,由港口所在地人民法院管辖;

(三)因继承遗产纠纷提起的诉讼,由被继承人死亡时住所地或者主要遗产所在地人民法院管辖。

第 35 条,两个以上人民法院都有管辖权的诉讼,原告可以向其中一个人民法院起诉;原告向两个以上有管辖权的人民法院起诉的,由最先立案的人民法院管辖。

(3)移送管辖是指法院受理案件后,发现该案不属于本院管辖,而依法将案件移送给有管辖权的法院审理。受移送的人民法院认为受移送的案件依照规定不属于本院管辖的,应当报请上级人民法院指定管辖,不得再自行移送。

(4)指定管辖是指上级人民法院以裁定方式指定其下级人民法院对某一案件行使管辖权。

有管辖权的人民法院由于特殊原因,不能行使管辖权的,由上级人民法院指定管辖。

人民法院之间因管辖权发生争议,由争议双方协商解决;协商解决不了的,报请他们的共同上级人民法院指定管辖。

二、民事诉讼的当事人

民事诉讼当事人是指因民事上的权利义务关系发生纠纷,以自己的名义进行诉讼,并受人民法院裁判拘束的利害关系人。

民事诉讼当事人具有以下三个特征:

(1)以自己的名义进行诉讼。凡不是以自己名义而以他人名义进行诉讼的人,如诉讼代理人,不是民事诉讼的当事人。

(2)与案件有直接利害关系。当事人必须是发生民事争议的一方,与案件有直接利害关系。与案件没有直接利害关系的人,如支持受损害的单位和个人起诉的机关、团体、企业事业单位,不是民事诉讼的当事人。

(3)受人民法院裁判拘束。当事人进行诉讼,是要人民法院对他们之间的民事权利义务关系作出裁判。因此,虽以自己名义参加诉讼,但不受人民法院裁判拘束的人,如证人、鉴定人不是民事诉讼的当事人。

根据民事诉讼法规定,公民、法人和其他组织可以作为民事诉讼的当事人。

民事诉讼当事人的诉讼权利主要有:委托代理人的权利,申请回避的权利,申请执行的权利,查阅案件庭审材料的权利,请求自费复制案件庭审材料和法律文书的权利,自行和解的权利,放弃或变更诉讼请求的权利,承认或反驳诉讼请求的权利,提起反诉的权利,请求重新鉴定、调查或者勘验的权利,认为法庭笔录有误而申请补正的权利,使用本民族语言、文字进行民事诉讼的权利,在法律规定的范围内处分自己的民事权利和诉讼权利的权利等。

民事诉讼当事人的诉讼义务主要包括:依法行使诉讼权利,不得滥用诉权;遵守诉讼秩序,以利于诉讼顺利进行;履行发生法律效力的判决、裁定和调解书,维护法律尊严。

三、民事诉讼的证据和诉状

1. 民事诉讼的证据

民事诉讼的证据是指能够证明民事案件事实的依据。

(1)民事诉讼的证据的作用。证据在民事诉讼中具有十分重要的作用。首先,证据是人民法院查清案件事实、作出正确裁判的基础和依据。其次,证据是当事人进行诉讼和维护其合法权益的手段。

(2)民事诉讼的证据的特点:客观性、关联性与合法性。

①客观性,是指一切证据都必须是客观存在的事实,不能带有任何主观臆想的成分。

②关联性,是指证据与待征事实要有内在的联系,直接或间接地证明待证事实的全部或一部分。

③合法性,是指证据必须是具有法律所规定的特定形式。同时,证据的收集、调查、审查核实,必须符合法律规定的程序。

(3)民事诉讼的证据的种类。根据法律规定,民事诉讼证据可分为以下几类:

第一,书证。指用文字、符号、图形记载或表示的能够证明案件待征事实的书面材料。提交外文书证,必须附有中文译本。非原件书证,应提供原件线索或印证材料。

第二,物证。指能够证明案件真实情况的一切物品。物证也应提交原物。如有困难,可提交复制品。

第三,视听资料。指能够用来证明案件事实的录音带、录像带以及从电子计算机中提取的资料。

第四,证人证言。指知道案件中有关情况的人向人民法院所作的有关案情的如实陈述。

第五,当事人陈述。指当事人在诉讼中就案件的事实向人民法院所作的陈述和承认。当事人拒绝陈述的,不影响人民法院根据证据认定案件事实。

第六,鉴定结论。指人民法院指定鉴定部门运用专门知识和技能,对案件中某些专门性问题,通过分析、检验、鉴别、判断作出的科学结论。如医学鉴定、文书鉴定等。

第七,勘验笔录。指勘验人员对双方当事人争议的标的物或者物证,进行现场勘查、检验、测量、绘图、拍照,并将情况和结果如实地记录下来而制作的书面材料。

2. 民事诉状

民事诉状是民事案件的原告人或其法定代理人,为维护自己的民事权益就有关民事权利和义务的争议向人民法院陈述纠纷事实,阐明起诉理由,提出诉讼要求的法律文书。

根据民事诉讼法第 110 条的规定,起诉状应当写明以下事项:

第一,当事人的姓名、性别、年龄、民族、职业、工作单位和住所,法人或者其他组织的名称、住所和法定代表人或者主要负责人的姓名、职务法。当事人的基本情况,应按原告、被告分别列出。原告无诉讼行为能力而由法定代表人起诉,或者由委托诉讼代理人代理诉讼的,应在原告之后说明或诉讼代理人的姓名、性别、民族、职务、工作单位和住所。

第二,诉讼请求和所根据的事实与理由。这部分是起诉状的主要内容诉讼请求必须具体、明确,该写的一定要写,因为其事关法院审查的范围。一般要求内容真实详尽,理由充分。

第三,证据和证据来源,证人姓名和住所。案件事实是否存在,需要证据证明。民事诉讼法规定了原告的举证责任。因此,原告在书写起诉状时,对提出的诉讼请求和提出这种请求的理由都应该提供证据证明。证据包括书证、物证、视听资料和其他证据,若系证人证言,须注明证人姓名和住所,以备人民法院查对证言和通知其出庭作证。证据来源是指获取证据的地点、时间和途径。当事人提供证据比较多时,为了便于自己在庭上举证和便于法官了解,应当依据一定的标准进行分类、编号,比如依据证明的对象不同而分类、编号,这样有助于法官更清晰地了解你的主张。

起诉状除应证明上述法律规定的事项外,还应写明收受起诉状的人民法院的名称和起诉的年、月、日,并由起诉人签名和盖章。按法律规定的事项起诉状记载如有欠缺,接受起诉的人民法院应通知原告进行补正。

起诉状要求按起诉状的格式叙述清楚,要忠于事实真相,有根有据,合理合法,防止虚构捏造。同时要求用毛笔或钢笔誊写,以便于人民法院审阅、整卷和归档保存。

四、人民法院对案件的审理

1. 普通程序

普通程序是人民法院审理第一审民事案件的基础程序。普通程序体现了民事诉讼的基本理论、基本原则和制度,集中规定了各种不同程序所共同适用的原则性规则,实际上起着程序通则的作用。

第一审普通程序包括:起诉和受理,审理前的准备,开庭审理,合议宣判。

1)起诉和受理

人民法院收到起诉状或者口头起诉,经审查,认为符合起诉条件的,应当在七日内立案,并通知当事人;认为不符合起诉条件的,应当在七日内裁定不予受理;原告对裁定不服的,可以提起上诉。起诉必须符合下列条件:

(1)原告是与本案有直接利害关系的公民、法人和其他组织;

(2)有明确的被告;

(3)有具体的诉讼请求和事实、理由;

(4)属于人民法院受理民事诉讼的范围和受诉人民法院管辖。

起诉应当向人民法院递交起诉状,并按照被告人数提出副本。

书写起诉状确有困难的,可以口头起诉,由人民法院记入笔录,并告知对方当事人。

小知识

哪些情形不予受理?

人民法院对符合规定的起诉,必须受理;对下列起诉,分情况予以处理:

(1)依照行政诉讼法的规定,属于行政诉讼受案范围的,告知原告提起行政诉讼；

（2）依照法律规定，双方当事人对合同纠纷自愿达成书面仲裁协议向仲裁机构申请仲裁，不得向人民法院起诉的，告知原告向仲裁机构申请仲裁；

（3）依照法律规定，应当由其他机关处理的争议，告知原告向有关机关申请解决；

（4）对不属于本院管辖的案件，告知原告向有管辖权的人民法院起诉；

（5）对判决、裁定已经发生法律效力的案件，当事人又起诉的，告知原告按照申诉处理，但人民法院准许撤诉的裁定除外；

（6）依照法律规定，在一定期限内不得起诉的案件，在不得起诉的期限内起诉的，不予受理；

（7）判决不准离婚和调解和好的离婚案件，判决、调解维持收养关系的案件，没有新情况、新理由，原告在六个月内又起诉的，不予受理。

2）审理前的准备

人民法院应当在立案之日起五日内将起诉状副本发送被告，被告在收到之日起十五日内提出答辩状。被告提出答辩状的，人民法院应当在收到之日起五日内将答辩状副本发送原告。被告不提出答辩状的，不影响人民法院审理。

人民法院对决定受理的案件，应当在受理案件通知书和应诉通知书中向当事人告知有关的诉讼权利义务，或者口头告知。合议庭组成人员确定后，应当在三日内告知当事人。

人民法院的承办案件的审判人员必须审阅诉讼材料，掌握案件情况，并调查收集必要的证据。

必须共同进行诉讼的当事人没有参加诉讼的，人民法院应当通知其参加诉讼。

3）开庭审理

开庭审理，是指人民法院在当事人及其他诉讼参与人的参加下，依照法定的形式和程序，在法庭上对民事案件实体审理的诉讼活动的过程。

开庭审理是民事诉讼程序的中心环节，在这个环节，所有事实通过法庭调查得到查明，所有证据也通过庭审得到质证。这一环节的主要任务是：通过法庭辩论和调查，对案件的事实进行全面的调查，审查核实证据，正确适用法律，确认当事人双方之间的权利义务关系，制裁民事违法行为，从而正确解决当事人之间的民事纠纷。开庭审理包括开庭前的准备、法庭调查、法庭辩论、评议宣判几个环节。

人民法院审理民事案件，除涉及国家秘密、个人隐私或者法律另有规定的以外，应当公开进行。

离婚案件、涉及商业秘密的案件，当事人申请不公开审理的，可以不公开审理。

开庭审理前，人民法院应于三日前将传票送达当事人，通知当事人和其他诉讼参与人，并发布公告。

书记员应当查明当事人和其他诉讼参与人是否到庭，宣布法庭纪律。

开庭审理时，由审判长核对当事人，宣布案由，宣布审判人员、书记员名单，告知当事人有关的诉讼权利义务，询问当事人是否提出回避申请。

法庭调查按照下列顺序进行：

(1)当事人陈述（当事人陈述按先原告后被告的顺序进行，必须口头陈述，不能书面陈述）；

(2)告知证人的权利义务，证人作证，宣读未到庭的证人证言；

(3)出示书证、物证和视听资料；

(4)宣读鉴定结论；

(5)宣读勘验笔录。

法庭辩论按照下列顺序进行：

(1)原告及其诉讼代理人发言；

(2)被告及其诉讼代理人答辩；

(3)第三人及其诉讼代理人发言或者答辩；

(4)互相辩论。

法庭辩论终结，由审判长按照原告、被告、第三人的先后顺序征询各方最后意见。

人民法院对公开审理或者不公开审理的案件，一律公开宣告判决。当庭宣判的，应当在十日内发送判决书；定期宣判的，宣判后立即发给判决书。

宣告判决时，必须告知当事人上诉权利、上诉期限和上诉的法院。

宣告离婚判决，必须告知当事人在判决发生法律效力前不得另行结婚。

人民法院适用普通程序审理的案件，应当在立案之日起六个月内审结。有特殊情况需要延长的，由本院院长批准，可以延长六个月；还需要延长的，报请上级人民法院批准。

2. 简易程序

简易程序就是简化了的普通程序，是基层人民法院和它派出的法庭审理简单的民事案件所适用的程序。适用简易程序，在起诉方式、传唤方式以及开庭审理等方面比普通程序更简便易行，极大地方便了当事人进行诉讼。

依据最高人民法院《适用 <民事诉讼法> 若干问题的意见》的有关规定，下列案件可适用简易程序进行审理：

第一类，结婚时间短，财产争议不大的离婚案件，或者当事人婚前患有法律规定不准结婚的疾病的离婚案件。

第二类，权利义务关系明确，只是给付时间和金额上有争议的赡养费、扶养费和抚育费案件。

第三类，确认或者变更收养、抚养关系，双方争执不大的案件。

第四类，借贷关系明确，证据充分和金额不大的债务案件。

第五类，遗产和继承人范围明确、讼争遗产数额不大的继承案件。

第六类，事实清楚、责任明确、赔偿金额不大的损害赔偿案件。

第七类，事实清楚、情节简单、是非分明、争议焦点明确、讼争金额不大的其他案件。

依据民事诉讼法有关规定，适用简易程序审理的简单民事案件，法律明确规定可以口头起诉，省去了原告人因准备诉状而花费的时间。

在简易程序中，受理无须发出受理案件通知书，开庭审理也无须进行公告、通知。如果双方当事人可以同时到基层人民法院或者其他派出的法庭，则可以同时起诉、应诉和答辩。案情特别简单的，时间和人力又允许的，还可以当即审理。

在普通程序中，传唤当事人、证人必须用传票，并且必须在开庭 3 日前通知。而适用简易程序审理的案件则可以用简便的方式，即人民法院认为适宜的任何方式进行传唤，比如打电话、捎口信、有线广播或口头约定等方式。当然，通知应以直接通知本人为原则，未直接通知本人的传唤不能视为合法的传唤。

人民法院审理民事案件，其组织形式有合议制和独任制两种。合议制是最基本的、最普遍的审判组织形式，适用于第一审普通程序和第二审程序。适用简易程序审理的民事案件采用独任制，从开庭前的准备、开庭审理到依法裁判或调解，都是只有审判员一人担任，不必进行合议。审判员在独立审理时，必须配备书记员专门负责记录，不得自审自记。

适用简易程序的案件，其开庭审理程序的简便主要表现在以下几方面：

第一，不受庭审前通知当事人的手续和时间限制。在普通程序中，人民法院必须在开庭 3 日，而且该期限不得延长。如在 3 日以前通知当事人及其他诉讼参与人。而在简易程序中，法庭审理可在受理后立即进行，无须办理传唤手续，即使另行指定开庭日期的，也不受日前通知的限制，可以以任何适宜的方式通知、传唤当事人，通知和传唤均不办理专门的文书手续，只需记录即可。

第二，法庭调查不受民事诉讼法第 124 条规定顺序的限制，即不必受普通程序中法庭调查的法定顺序的限制，而可以以查清案件事实为目的，依据案件的具体情况随意选择程序的先后。

第三，法庭辩论的顺序不受民事诉讼法第 127 条所规定顺序的限制，审判人员可根据案件审理需要,指令或允许某一方当事人或其代理人发言。但一般情况下,第一轮法庭辩论仍应按民事诉讼法第127条的顺序,即原告及其诉讼代理人发言、被告及其诉讼代理人发言、第三人及其诉讼代理人发言。

适用简易程序的法庭调查和法庭辩论两个步骤不必严格划分,可以结合进行,以达到查清事实、分清是非、正确解决纠纷的目的。

依民事诉讼法第146条的规定,人民适用简易程序审理的案件,审结期限为3个月,而且该期限不得延长。如果在3个月内不能审结,则应转入普通程序继续审理。

思 考 题

一、名词解释

1. 平等主体　2. 财产关系　3. 民事法律关系主体

4. 自然人的民事权利能力　5. 限制民事行为能力　6. 监护

7. 法人　8. 债　9. 不当得利

10. 无因管理　11. 民事责任　12. 过错责任原则

13. 民事法律行为　14. 代理　15. 合同

16. 要约　17. 违约　18. 结婚

19. 离婚　20. 继承　21. 法定继承

22. 知识产权　23. 商标　24. 民事诉讼

25. 管辖　26. 民事诉讼的证据

二、简答题

1. 简述民法的特点。

2. 简述民法的基本原则。

3. 试说明民事权利能力和民事行为能力的区别。

4. 简述法人成立的条件。

5. 简述承担民事责任的原则和方式。

6. 举例说明民事法律行为形式的重要性。

7. 简要说明合同是怎么订立的。

8. 简述结婚的必备要件。

9. 简述第一顺序的法定继承人。

10. 简述知识产权的特点。

11. 简述适用简易程序的案件。

第四章　刑法基本知识

教学要求

1. 了解刑法的概念和功能，掌握我国刑法的基本原则；

2. 了解犯罪的概念和特征，掌握犯罪的构成要件、犯罪主体的刑事责任年龄和刑事责任能力；

3. 了解共同犯罪的概念，掌握共同犯罪人的分类及其应承担的刑事责任；

4. 了解刑罚的概念、种类，掌握量刑的情节；

5. 了解几种常见的犯罪。

第一节　刑 法 概 述

一、刑法的概念和功能

1. 刑法的概念

刑法是国家的基本法，是规定犯罪与刑罚的法律规范的总称。简单地说，刑法是规定罪与罚的法律。

《中华人民共和国刑法》于1979年制定颁布，1997年修订，分为总则和分则两个部分。总则规定关于刑法和犯罪、刑罚的一般原理原则，分则规定各种具体犯罪及其刑事责任。

2. 刑法的功能

我国刑法第一条：为了惩罚犯罪，保护人民，根据宪法，结合我国同犯罪作斗争的具体经验及实际情况，制定本法。

据此，我国刑法有保护和惩罚两大功能。

(1)保护功能。依据我国刑法第2条的规定，我国刑法的任务，是用刑罚同一切犯罪行为作斗争，以保卫国家安全，保卫人民民主专政的政权和社会主义制度，保护国有财产和劳动群众集体所有的财产，保护公民私人所有的财产，保护公民的人身权利、民主权利和其他权利，维护社会秩序、经济秩序，保障社会主义建设事业的顺利进行。即保护国家的重要社会秩序、保护国家、社会和公民的各项权利不受犯罪的侵害。

刑法第3条规定,法律明文规定为犯罪行为的,依照法律定罪处刑;法律没有明文规定为犯罪行为的,不得定罪处刑。因此,刑法保护无罪的人不受刑事追究。

(2)惩罚功能。刑法通过规定什么是犯罪,什么样的犯罪应受什么样的刑罚处罚,打击一切犯罪行为,是我国刑法又一项重要功能。通过对犯罪的惩罚,实现刑法的保护功能。

二、刑法的基本原则

我国刑法明确规定了罪刑法定原则、法律面前人人平等原则和罪刑相当原则 。

1. 罪刑法定原则

我国刑法第3条明确规定了罪刑法定原则,即“法律明文规定为犯罪行为的,依照法律定罪处刑;法律没有明文规定为犯罪行为的,不得定罪处刑。”

罪刑法定原则基本内容包含以下三个方面:

其一是法定化,即犯罪和刑罚必须事先由法律作出明文规定,不允许法官自由擅断。

其二是实定化,即对于什么行为是犯罪以及犯罪所产生的具体法律后果,都必须作出实体性的规定。

其三是明确化,即刑法条文必须用清晰的文字表述确切的意思,不得含糊其辞或模棱两可。

在我国,罪刑法定原则既具有保障无辜者不受惩罚和保障犯罪人的合法权利的人权保障功能,又具有惩罚犯罪,保护社会免遭犯罪侵害的社会保护功能。

2. 法律面前人人平等原则

我国刑法第4条规定:“对任何人犯罪,在适用法律上一律平等。不允许任何人有超越法律的特权。”

法律面前人人平等原则有三方面的含义:

一是,我国公民不分民族、种族、性别、职业、家庭出身、宗教信仰、教育程度、财产状况、居住期限,都一律平等地享有宪法和法律规定的权利,也都平等地履行宪法和法律规定的义务。

二是,公民的合法权益都一律平等地受到保护,对违法行为一律依法予以追究,决不允许任何违法犯罪分子逍遥法外。

三是,在法律面前,不允许任何公民享有法律以外的特权,任何人不得强迫任何公民承担法律以外的义务,不得使公民受到法律以外的处罚。

3. 罪刑相当原则

我国刑法第 5 条明确规定了罪责刑相适应原则，即“刑罚的轻重，应当与犯罪分子所犯罪行和承担的刑事责任相适应。”

罪刑相当原则基本内容：指犯罪人的罪行是其承担刑事责任的前提，刑罚则是行为人负刑事责任的法律后果，罪行的轻重直接影响刑事责任的大小，刑事责任的大小则又决定着刑罚的轻重，犯多大的罪，便应当承担多大的刑事责任，就判处轻重相当的刑罚，重罪重罚，轻罪轻罚，罪刑相称，罚当其罪。

三、刑法的适用范围

刑法的适用范围又称刑法的效力范围，是指刑法在时间、空间范围的效力。刑法的效力范围涉及国家主权、民族关系、新旧法律的关系问题，是刑事法律和刑法理论中的一个重要问题。

1. 刑法的空间效力

刑法的空间效力，是指刑法在什么地方和对什么人具有效力，它解决的是国家刑事管辖权的范围问题。

刑法第 6 条规定：“凡在中华人民共和国领域内犯罪的，除法律有特别规定的以外，都适用本法。凡在中华人民共和国船舶或者航空器内犯罪的，也适用本法。犯罪的行为或者结果有一项发生在中华人民共和国领域内的，就认为是在中华人民共和国领域内犯罪。”这是我国刑法在我国领域内的适用规定，也就是对地的效力。

我国刑法对人的效力的规定同刑法对地的效力的规定紧密联系在一起的。

根据刑法第 6 条规定的精神，除法律有特别规定的以外，我国公民在我国领域内犯罪的，都适用本刑法。

刑法第 7 条规定：“中华人民共和国公民在中华人民共和国领域外犯本法规定之罪的，适用本法，但是按本法规定的最高刑为三年以下有期徒刑的，可以不予追究。中华人民共和国国家工作人员和军人在中华人民共和国领域外犯本法规定之罪的，适用本法。”

外国人在我国领域内犯罪，除刑法第 11 条规定的享有外交特权和豁免权的外国人的刑事责任应通过外交途径解决外，其他外国人犯罪的一律适用我国刑法。刑法第 8 条：“外国人在中华人民共和国领域外对中华人民共和国国家或者公民犯罪，而按本法规定的最低刑为三年以上有期徒刑的，可以适用本法，但是按照犯罪地的法律不受处罚的除外。”

2. 刑法的时间效力

刑法的时间效力是指刑法在什么时间生效、失效及对刑法生效以前的行为是否具有溯及力的问题。

刑法的生效时间有两种方式:一是从公布之日起生效;二是公布之后经过一段时间再施行。我国现行刑法是 1997 年 3 月 14 日公布,于同年 10 月 1 日开始施行。

我国刑法的失效基本上包括两种方式:一是由立法机关明确宣布某些法律失效;二是自然失效,即新法施行后代替了同类内容的旧法,或者由于原来特殊的立法条件已经消失,旧法自行废止。

刑法的溯及力,即刑法生效以后,对于其生效以前未经审判或者判决尚未确定的行为是否适用的问题。如果适用,就是有溯及力;如果不适用,就是没有溯及力。刑法第 12 条第 1 款规定:"中华人民共和国成立以后本法施行以前的行为,如果当时的法律不认为是犯罪的,适用当时的法律;如果当时的法律认为是犯罪的,依照本法总则第四章第八节的规定应当追诉的,按照当时的法律追究刑事责任,但是如果本法不认为是犯罪或者处刑较轻的,适用本法。"本条第 2 款规定:"本法施行以前,依照当时的法律已经作出的生效判决,继续有效。"

可见,我国刑法在溯及力问题上采用的是从新兼从轻的原则。

第二节 犯 罪

一、犯罪和刑事责任

1. 犯罪的概念和特征

(1)犯罪的概念:刑法第 13 条明确规定:"一切危害国家主权、领土完整和安全,分裂国家、颠覆人民民主专政的政权和推翻社会主义制度、破坏社会秩序和经济秩序,侵犯国有财产或者劳动群众集体所有的财产,侵犯公民私人所有的财产,侵犯公民的人身权利、民主权利和其他权利,以及其他危害社会的行为,依照法律应受到刑罚处罚的,都是犯罪,但是情节显著轻微危害不大的,不认为是犯罪。"这一定义既揭示了犯罪危害社会本质的法律特征,又将犯罪与一般违法行为区别开来,是对形形色色的犯罪现象所作的科学概括,也是我们认定犯罪、划分罪与非罪界限的基本依据。

(2)犯罪的基本特征:

第一,犯罪具有严重的社会危害性。犯罪的社会危害性,是指犯罪行为危害我国刑法所保护的社会关系以及体现这些社会关系的国家和人民利益的特征。如果一种行为不具有社会危害性，那么就不会被认为是犯罪行为而加以惩罚。如果行为有社会危害性，但情节显著轻微，危害不大的，那么也不会被认为是犯罪。因此，对社会具有严重危害性是犯罪的本质特征。

小知识

犯罪的社会危害性不是抽象的，而是具体的。我国刑法第13条具体规定了犯罪的社会危害性的各个方面的表现：

(1)对我国国家主权、领土完整和安全的危害；

(2)对人民民主专政的政权和社会主义制度的危害；

(3)对社会公共安全的危害；

(4)对社会经济秩序的危害；

(5)对国有财产、劳动群众集体所有财产和公民私人所有财产的危害；

(6)对公民人身权利、民主权利和其他权利的危害；

(7)对社会秩序包括治安管理秩序、生产秩序、工作秩序、教学科研秩序和人民群众生活秩序等的危害；

(8)对国家国防利益、军事利益的危害；

(9)对国家机关公务活动秩序和公务活动廉洁性的危害。

第二，犯罪是违反刑法的行为，具有刑事违法性。具有社会危害性的行为不一定是犯罪，只有违反刑法的严重危害社会的行为，才是刑法意义上的犯罪。没有违反刑法规定的社会危害行为不可能构成犯罪，如有人将浪费时间称为“犯罪”，就不是刑法意义上的犯罪。刑事违法性既是犯罪的基本特征，又是犯罪同一般违法区分的界限。如骑自行车载人，虽然具有一定的社会危害性，但是没有违反刑法，就只是一般的违法行为，不构成犯罪。

第三，犯罪是应受刑罚惩罚的行为，即具有应受刑罚惩罚性。任何具有行为能力的人实施了任何违法行为都要承担相应的法律责任和法律后果。实施了违法行为应当负刑事责任，承担受国家刑罚处罚的法律后果。犯罪是刑罚的前提，刑罚是犯罪的法律后果。应受刑罚处罚，是犯罪的又一个基本特征。也就是说，一种行为如果不具有应受刑罚惩罚性，就不是犯罪。

小知识

行为应当不应当受刑事惩罚与需要不需要进行刑事惩罚是两个范畴的问题。应当不应当受刑事惩罚解决行为是否构成犯罪的问题。而需要不需要进行刑事惩罚则是在行为构成犯罪、应当受刑事惩罚的前提下，对具体案件的具体行为人是否实际给予刑事惩罚的问题。如某人犯了罪，由于情节轻微、犯罪后又有自首、立功等表现，人民法院对他免予刑罚处罚。

犯罪的上述三个特征,紧密联系,密不可分,缺一不可,是区分罪与非罪的界限。行为如果没有社会危害性,立法者不会将其规定为犯罪;行为没有触犯刑律,则不具有受惩罚性,无论其社会危害性有多大,司法机关都不能将其作为犯罪对待。

2. 犯罪的构成

犯罪的构成是指依照我国刑法规定,决定某一具体行为的社会危害性及其程度,为该行为构成犯罪所必需的一切客观和主观要件的有机统一,是使行为人承担刑事责任的根据。

任何一种犯罪的成立都必须具备四个方面的构成要件,即犯罪客体、犯罪客观方面、犯罪主体和犯罪主观方面。

(1)犯罪客体,是指刑法所保护而为犯罪所侵犯的社会主义社会关系。犯罪构成有助于区分罪与非罪、此罪与彼罪,准确、合法、及时地与犯罪作斗争,切实有效地保障公民的合法权益,保障无罪者不受非法追究,具有重要意义。我国刑法正是依据犯罪侵害的客体对犯罪进行分类的。

(2)犯罪客观方面,是指犯罪活动的客观外在表现,包括危害行为、危害结果。某些特定犯罪的构成还要求行为人的行为发生在特定的时间、地点或者损害特定的对象等。其中,危害行为是核心的必要要件。

(3)犯罪主体,是指实施危害社会的行为,依法应当负刑事责任的自然人或单位。绝大部分犯罪由一般主体(刑法规定不要求以特殊身份作为要件的主体,称为一般主体)就能构成(如盗窃罪)。有的犯罪还需要特殊的主体才能构成。如刑法第109条规定的叛逃罪的主体必须是国家机关工作人员,因此,如果行为人不是国家机关工作人员,其行为就不可能成立叛逃罪。

(4)犯罪主观方面,是指犯罪主体对自己危害行为及其危害结果所持的心理态度。行为人的罪过(包括故意和过失)是一切犯罪构成都必须具备的主观方面要件,有些犯罪的构成还要求行为人主观上具有特定的犯罪目的。从犯罪的主观方面来分,犯罪可以分为故意犯罪和过失犯罪两类。我国刑法规定的绝大部分犯罪都是故意犯罪。故意犯罪比过失犯罪主观恶性大,因此,受到的刑罚处罚往往较重。

3. 犯罪主体的刑事责任年龄和刑事责任能力

自然人犯罪主体,是指达到刑事责任年龄,具有刑事责任能力,实施了犯罪行为的人。自然人必须具备刑事责任年龄与刑事责任能力两个基本条件,才可能成为犯罪主体。

(1)自然人刑事责任年龄:指刑法所规定的行为人对自己的犯罪行为负刑

事责任必须达到的年龄。我国刑法把刑事责任年龄分为三种：

第一种，已满16周岁的人犯罪，应当负刑事责任，这一年龄阶段被称为完全负刑事责任年龄。即已满16周岁的人，无论犯什么罪，都应当负刑事责任。

第二种，已满14周岁不满16周岁的人，犯故意杀人、故意伤害致重伤或者死亡、强奸、抢劫、贩卖毒品、放火、爆炸、投毒罪的，应当负刑事责任，这一年龄阶段被称为相对负刑事责任年龄。即除了对上述8种犯罪行为外的其他犯罪行为不负刑事责任。

第三种，已满14周岁不满18周岁的人犯罪，应当从轻或者减轻处罚，这一年龄阶段被称为相对减轻责任年龄。即未成年人犯罪的，承担的刑事责任相对成年人较轻。因不满16周岁不予刑事处罚的，责令他的家长或者监护人加以管教；在必要的时候，也可以由政府收容教养。刑事责任年龄的计算方法：从周岁生日的第2天起计算。

某人出生于1989年12月6日，于2005年12月5日盗窃他人财务价值达20000余元（已符合盗窃罪立案标准），应不应承担刑事责任？该如何承担？

（2）自然人的刑事责任能力：指行为人所具备的辨认自己行为的社会性质并控制自己行为的能力。达到刑事责任年龄，但不具备刑事责任能力的人，也不负刑事责任，一个人只有具备刑事责任能力，才能成为犯罪主体。我国刑法对此有以下规定：

刑法第18条规定：精神病人在不能辨认或者不能控制自己行为的时候造成危害结果，经法定程序鉴定确认的，不负刑事责任，但是应当责令他的家属或者监护人严加看管和医疗；在必要的时候，由政府强制医疗。间歇性的精神病人在精神正常的时候犯罪，应当负刑事责任。尚未完全丧失辨认或者控制自己行为能力的精神病人犯罪的，应当负刑事责任，但是可以从轻或者减轻处罚。

为什么刑法规定醉酒的人犯罪，应当负刑事责任？

刑法第19条规定：又聋又哑的人或者盲人犯罪，可以从轻、减轻或者免除处罚。

4. 正当防卫

正当防卫是为了使国家、公共利益、本人或者他人的人身、财产和其他权利免受正在进行的不法侵害,而采取的制止不法侵害的行为,对不法侵害人造成损害的,属于正当防卫,不负刑事责任。

案例分析

刘某的同学因与邻居王某的儿子发生口角而被王某打了几个耳光。后刘某得知此事,便赶到王家与王某理论,并动手将王某打成轻伤。刘某的行为是不是正当防卫?

正当防卫的条件:

第一,必须是为了使国家、公共利益、本人或者他人的人身、财产和其他合法权利免受侵害而实行防卫。这是正当防卫的目的要求,是成立正当防卫的首要条件。为了维护某种非法利益而实行所谓的防卫行为,是一种违法行为,构成犯罪的应当依法追究其刑事责任。

第二,必须是对不法侵害行为实行防卫。这是正当防卫的根本要求。不法侵害行为,是指对法律所保护的国家、公共利益、本人或者他人的人身、财产和其他合法权利的侵害行为,不仅包括犯罪行为,也包括一般违法侵害行为。对合法行为不能进行正当防卫。不法侵害必须是真实存在的,而不是主观想象的、推测的。

第三,必须是对正在进行的不法侵害实行防卫。这是正当防卫的时间要求。正在进行的不法侵害,是指在客观上是确实存在的不法侵害正在进行之中。所谓正在进行,是指不法侵害行为已经开始而且尚未结束。

第四,必须是针对进行不法侵害者本人实行防卫。这是正当防卫的对象要求。只能对不法侵害者本人造成损害,不能对没有实施不法侵害的第三者,包括不能对侵害者的家属造成损害。

第五,正当防卫不能明显超过必要限度造成重大损害。这是正当防卫的限度要求。是否明显超过必要限度造成重大损害,是区别正当防卫和防卫过当的标志。正当防卫明显超过必要限度造成重大损害的,应当负刑事责任,但是应当减轻或者免除处罚。

为了严厉打击暴力犯罪,我国刑法第 20 条特别规定:对正在进行行凶、杀人、抢劫、强奸、绑架以及其他严重危及人身安全的暴力犯罪,采取防卫行为,造成不法侵害人伤亡的,不属于防卫过当,不负刑事责任。

二、共同犯罪

1. 共同犯罪的概念和构成

共同犯罪是指两人以上共同故意犯罪。

张某，男，28岁，于2006年某日晚窜入当地一所学校盗窃电脑。正当张某撬开电脑室的门开始行窃时，晚自修下课的李某（男，17周岁，该校学生）碰巧看见。等张某盗窃得手离开后，李某也窜入电脑室，窃得主板、内存、硬盘等价值约2000元的物品。问：张、李二人是不是构成了共同犯罪？

共同犯罪的构成有以下几点：

首先，犯罪主体必须是两人以上。两人都必须是达到刑事责任年龄，并有刑事责任能力的人。如果其中只有一个人达到刑事责任年龄，具有刑事责任能力，其他人都未达到刑事责任年龄或者不具有刑事责任能力，则不能构成共同犯罪。

其次，必须有共同的犯罪行为。共同犯罪人为了完成同一犯罪，而实施的互相配合、彼此配合的犯罪行为。每个共同犯罪人的犯罪行为都是共同犯罪活动的有机组成部分。

共同犯罪行为，既可以表现为共同的作为，如甲乙两人一起将受害人打死；也可以表现为共同的不作为，如夫妻两人都不喂养刚出生不久的小孩，导致小孩饿死；还可以表现为作为与不作为的结合，如甲是仓库保管员，和乙约好，当乙来盗窃时，甲装作不知道而不加制止，任由乙盗走仓库的物资。

再次，必须有共同犯罪的故意。各共同犯罪人通过意思联络，认识他们的共同犯罪行为会发生危害社会的结果，即每个共同犯罪人不仅认识到自己在实施某种犯罪，而且认识到还有其他共同犯罪人和自己一起在共同实施这种犯罪，并希望或放任危害社会结果的发生。

甲入室抢劫，叫乙负责把风，两人在共同犯罪中起的作用一样吗？

2. 共同犯罪人的分类及其刑事责任

在共同犯罪活动中，由于各个共同犯罪人所处的地位、所起的作用，以及对社会的危害程度不同，因而每个人应当承担的刑事责任也应当有所不同。我国刑法根据共同犯罪人在共同犯罪中的地位和作用，将共同犯罪人分为主犯、从犯、胁从犯和教唆犯。

(1)主犯及其刑事责任：主犯是指组织、领导犯罪集团进行犯罪活动的或者在共同犯罪中起主要作用的犯罪分子。主犯比其他共同犯罪人具有更大的社会危害性。我国刑法第26条规定，对组织、领导犯罪集团的首要分子，按照集团所犯的全部罪行处罚；除首要分子以外的主犯应当按照其所参与的或者组织、指挥的全部犯罪处罚。

小知识

主犯有三种：一是在犯罪集团中起组织、策划、指挥作用的犯罪分子。二是在聚众犯罪中起组织、策划、指挥作用的犯罪分子。上述两种主犯成为首要分子。三是其他在犯罪集团或一般共同犯罪中起主要作用的犯罪分子。

(2)从犯及其刑事责任：从犯是指在共同犯罪中起次要或者辅助作用的犯罪分子。我国刑法规定，对于从犯，应当从轻、减轻处罚或者免除处罚。

(3)胁从犯及其刑事责任：胁从犯是指被胁迫参加犯罪共同的犯罪分子。胁从犯在共同犯罪中，处于被动地位，罪行也比较轻。所以我国刑法规定，对于被胁迫参加犯罪的，应当按照他的犯罪情节减轻处罚或者免除处罚。

(4)教唆犯及其刑事责任：教唆犯是指故意唆使他人实施犯罪的犯罪分子。教唆犯必须有教唆他人实施犯罪的故意。对于教唆犯，按照他在共同犯罪中所起的作用处罚。教唆不满18周岁的人犯罪的，应当从重处罚。如果被教唆的人没有犯被教唆的罪，对于教唆犯，可以从轻或者减轻处罚。

第三节 刑　　罚

一、刑罚概述

刑罚是根据刑法的规定，由国家审判机关(人民法院)依法对犯罪人所适用的法律制裁方法。

1. 刑罚的特征

刑罚具有以下特征：

第一，刑罚是一种最严厉的制裁措施。刑罚是剥夺或限制犯罪人的某种拥有权益的制裁措施，不仅可以剥夺犯罪分子的财产、政治权利和人身自由，甚至还可以剥夺其生命。刑罚的这种严厉性，是区别于其他法律制裁方法的主要特征。

第二,刑罚只能适用于犯罪分子。对于没有犯罪的人不能适用刑罚。

第三,刑罚只能由人民法院依照法定程序适用。除了人民法院,其他任何国家机关、公司、企业、事业单位、人民团体和个人都无权决定适用刑罚。

第四,刑罚必须由刑法明文规定。刑罚的种类和适用标准都必须以刑法明文规定为依据。对于刑法没有明文规定的刑罚制裁方法,不能适用于犯罪分子。

2. 刑罚的种类

我国刑法规定,刑罚分为主刑和附加刑。

1)主刑

主刑是对犯罪分子适用的主要刑罚方法。主刑只能独立适用,不能附加适用;对于一个犯罪,只能适用一个主刑。主刑的种类有五种:

(1)管制,是由人民法院判决,对犯罪分子不予关押,但限制其一自由,由公安机关执行的一种刑罚。管制是最轻的一种主刑。判处管制的犯罪分子,在执行期间,应当遵守下列规定:

①遵守法律、行政法规,服从监督;

②未经执行机关批准,不得行使言论、出版、集会、结社、游行、示威自由的权利;

③按照执行机关规定报告自己的活动情况;

④遵守执行机关关于会客的规定;

⑤离开所居住的市、县或者迁居,应当报经执行机关批准。

对于被判处管制的犯罪分子,在劳动中应当同工同酬。

管制的期限为三个月以上,两年以下,数罪并罚最高不得超过3年。管制期满,执行机关应立即向本人和其所在的单位或居住地的群众宣布管制解除。

(2)拘役,是短期剥夺犯罪分子的人身自由,并就近执行的一种刑罚。拘役的期限为1个月以上6个月以下。数罪并罚时最高不能超过1年。被判处拘役的犯罪分子,由公安机关就近执行,即由受刑人所在地的县、市或者市辖区的公安机关设立的拘役所执行。在执行期间,被判处拘役的犯罪分子每月可以回家一天至两天;参加劳动的,可以酌量发给报酬。

(3)有期徒刑,是剥夺犯罪分子一定期限的人身自由,并强制其劳动改造的一种刑罚。有期徒刑是我国刑罚中适用最广泛的一种刑罚。由于它的最低期限到最高期限的幅度大,适用面宽,既适用于较重的犯罪,又可以适用于较轻的犯罪。有期徒刑的期限为6个月以上15年以下。数罪并罚时,最高不能超过20年。

监狱是有期徒刑的主要执行机关。其他还有未成年犯管教所、看守所等。

(4)无期徒刑,是剥夺犯罪分子的终身自由,并强制其劳动改造的一种刑罚。根据刑法第57条规定,对被判处无期徒刑的犯罪分子,必须剥夺政治权利终身。

(5)死刑,是指剥夺犯罪分子生命的一种刑罚,是我国刑罚体系中最严厉的一种刑罚,只适用于罪行极其严重的犯罪分子。犯罪的时候不满18周岁的人和审判的时候怀孕的妇女,都不适用死刑。也不能适用死刑缓期执行。

对于应当判处死刑的犯罪分子,如果不是必须立即执行的,可以判处死刑同时宣告缓期2年执行。判处死刑缓期执行的,在死刑缓期执行期间,如果没有故意犯罪,2年期满以后,减为无期徒刑。如果确有重大立功表现,2年期满以后,减为15年以上20年以下有期徒刑;如果故意犯罪,查证属实的,由最高人民法院核准,执行死刑。死刑除依法由最高人民法院判决的以外,都应当报请最高人民法院核准。

小知识

最高人民法院12月29日发布《关于统一行使死刑案件核准权有关问题的决定》,明确废止过去依法发布的关于授权高级人民法院和解放军军事法院核准部分死刑案件的所有通知。死刑核准权将自2007年1月1日起收归最高人民法院统一行使。

2)附加刑

附加刑是补充主刑适用的刑罚方法。附加刑既能独立适用,又能附加适用;附加适用时,一个主刑可以同时适用两个以上的附加刑。附加刑包括罚金、剥夺政治权利、没收财产。

(1)罚金,是人民法院判处犯罪分子和犯罪的单位,向国家缴纳一定金钱的一种刑罚。人民法院判处罚金时,应当根据犯罪情节决定罚金数额。刑法第53条规定,罚金在判决指定的期限内一次或者分期缴纳。期满不缴纳的,强制缴纳。对于不能全部缴纳罚金的,人民法院在任何时候发现被执行人有可以执行的财产,应当随时追缴。如果由于遭遇不能抗拒的灾祸缴纳确实有困难的,可以酌情减少或者免除。

(2)剥夺政治权利,是指剥夺犯罪分子参加国家管理和政治活动权利的一种刑罚。剥夺政治权利的内容,根据刑法第54条的规定,包括选举权和被选举权;言论、出版、集会、结社、游行、示威自由的权利;担任国家机关职务的权利;担任国有公司、企业、事业单位和人民团体领导职务的权利。剥夺政治权利的附加适用根据刑法第56条、第57条的规定,对于危害国家安全的犯罪分子应当附加剥夺政治权利;对于故意杀人、强奸、放火、爆炸、投毒、抢劫等严重破坏社会秩序的犯罪分子,可以附加剥夺政治权利;对于被判处死刑、无期徒刑的犯罪分子,应当剥夺政治权利终身。

剥夺政治权利的期限，除被判处死刑、无期徒刑的犯罪分子，应当剥夺政治权利终身外，为 1 年以上 5 年以下。判处管制附加剥夺政治权利的，剥夺政治权利的期限与管制的期限相等，同时执行。在死刑缓期执行减为有期徒刑或者无期徒刑减为有期徒刑的时候，应当把附加剥夺政治权利的期限改为 3 年以上 10 年以下。

附加剥夺政治权利的刑期，从徒刑、拘役执行完毕之日或者从假释之日起计算；剥夺政治权利的效力当然施用于主刑执行期间。

剥夺政治权利，由公安机关执行。

(3)没收财产，是将犯罪分子个人所有财产的一部分或全部强制无偿地收归国有的一种刑罚。没收全部财产的，应当对犯罪分子个人及其抚养的家属保留必需的生活费用。根据刑法第 59 条、第 60 条的规定，在判处没收财产的时候，不得没收属于犯罪分子家属所有或者应有的财产。没收财产以前犯罪分子所负的正当债务，需要以没收的财产偿还的，经债权人请求，应当偿还。

二、刑罚的适用

1. 量刑的概念和量刑原则

量刑即刑罚裁量，是指人民法院对犯罪分子依法裁量决定刑罚的一种审判活动。

量刑原则，我国刑法第 61 条规定，对于犯罪分子决定刑罚的时候，应当根据犯罪的事实、犯罪的性质、情节和对于社会的危害程度，依照本法的有关规定判处。根据这一规定，量刑的一般原则可以概括为：以犯罪事实为根据，以刑事法律为准绳。

2. 量刑情节

量刑情节，是指人民法院对犯罪分子裁量刑罚时应当考虑的，决定量刑轻重或者减免刑罚处罚的各种情况。主要有以下几种：

1)累犯

累犯指因犯罪受过刑罚处罚，在刑罚执行完毕或者赦免以后的法定时间内又犯特定之新罪的犯罪分子。

累犯分为一般累犯和特别累犯。

(1)一般累犯的成立条件：

①前罪与后罪必须都是故意犯罪。如果前罪与后罪都是过失犯罪或者其中之一是过失犯罪的，不能构成累犯。

②前罪必须是判处有期徒刑以上刑罚的犯罪，后罪必须是应当判处有期徒

刑以上刑罚的犯罪。如果其中一罪被判处或者应当被判处的刑罚是有期徒刑以下的刑罚,则不能构成累犯。

③后罪必须是发生在前罪的刑罚执行完毕或者赦免以后5年以内。如果后罪发行在前罪的刑罚执行期间或者发生在前罪执行完毕或者赦免5年以后,不构成累犯。

(2)特别累犯,是指危害国家安全的犯罪分子在刑罚执行完毕或者赦免以后,在任何时候再犯危害国家安全罪的。

累犯应当从重处罚。

2)自首

自首指犯罪分子犯罪以后自动投案,如实供述自己的罪行的,或者被采取强制措施的犯罪嫌疑人、被告人和正在服刑的罪犯,如实供述司法机关还未掌握的本人其他罪行的行为。

自首的成立条件:

(1)犯罪分子必须自动投案。自动投案,是指犯罪分子在犯罪之后,发案之前,出于本人的意志而向有关机关或人员承认自己实施了犯罪,并自愿将自己置于有关机关或人员的控制之下,等待进一步交代犯罪事实,并最终接受人民法院裁判的行为。自动投案包括三种情况:犯罪事实和犯罪嫌疑人都没有被发现,犯罪嫌疑人自动投案;犯罪事实已经被发现但不知犯罪人是谁,犯罪嫌疑人自动投案;犯罪事实和犯罪人都已经被发现,在司法机关采取强制措施之前,犯罪嫌疑人自动投案。

(2)犯罪分子必须如实供述自己的罪行,即供述自己实施并应由本人承担刑事责任的全部罪行。

刑法还特别规定,被采取强制措施的犯罪嫌疑人、被告人和正在服刑的罪犯,如实供述司法机关还未掌握的本人其他罪行的,以自首论。

犯罪嫌疑人投案后又逃跑的,不能认定为自首。

刑法规定,对于自首的犯罪分子,可以从轻或者减轻处罚。其中,犯罪较轻的,可以免除处罚。

小知识

根据有关司法解释,犯罪嫌疑人向其所在单位、城乡基层组织其他有关单位负责人投案的;犯罪嫌疑人因伤病或者为了减轻犯罪后果,委托他人先代为投案,或者先以信电投案的;罪行尚未被司法机关发觉,仅因形迹可疑,被有关组织或者司法机关问审后主动交代自己的罪行的;犯罪后逃跑,在被通缉、追捕过程中,主动投案的;经查实确已准备去投案的，或者正在投案途中，被公安机关抓获的，应当视为自动投案。并非出于犯罪嫌疑人主动，而是经亲友规劝、陪同投案的；公安机关通知犯罪嫌疑人的亲友或者亲友主动报案的，将犯罪嫌疑送去投案的，也应当视为自动投案。

3）立功

立功指犯罪分子有揭发他人犯罪行为，查证属实的，或者提供重要线索从而得以侦破其他案件的行为。犯罪分子有一般立功表现的（这里所说的“一般立功”，是指犯罪分子揭发并查证属实的他人罪行属于一般罪行，犯罪分子提供重要线索并据以侦破的案件属于一般案件等），可以从轻或者减轻处罚；有重大立功表现的（这里所说的“重大立功”，是指经犯罪分子揭发并查证属实的他人罪行属于重大罪行；犯罪分子提供重要线索并据以侦破了重大案件等），可以减轻或者免除处罚。犯罪后自首又有重大立功表现的，应当减轻或者免除处罚。

4）数罪并罚

数罪并罚指人民法院对犯罪分子在判决宣告以前或者判决宣告以后但刑罚执行完毕以前，一人所犯数罪，分别定罪量刑，然后按照法定的原则和方法，酌情决定应当执行刑罚的一种刑罚制度。

数罪并罚包括以下三种情况：

（1）判决宣告以前，一个人犯有数罪的，应当对所犯各罪分别量刑，然后按照刑法第 69 条规定的上述原则和方法，决定应当执行的刑罚。

（2）判决宣告以后、刑罚执行完毕以前，发现被判刑的犯罪分子在判决宣告以前还有其他罪没有判决的，应当对新发现的罪作判决，把前后两个判决所判处的刑罚，在最高刑期以上总和刑期以下，决定应当执行的刑罚，已经执行的刑期，应当计算在新判决决定的刑期以内。这就是数罪并罚计算刑期的先并后减方法。

（3）判决宣告以后，刑罚执行完毕以前，被判刑的犯罪分子又犯新罪的，应当对新犯的罪作出判决，把前罪没有执行的刑罚与新罪所判处的刑罚，在最高刑期以上总和刑期以下，决定应当执行的刑罚。这就是数罪并罚计算刑期的先减后并方法。

小知识

根据刑法第 69 条的规定，数罪并罚的原则有以下几种：

（1）数刑中只要有一个是死刑或者无期徒刑的，就应当执行死刑或者无期徒刑。

（2）数刑中有两个以上有期徒刑、两个以上拘役或者两个以上管制的，应当在总和刑期以下、数刑中最高刑期以上，酌情决定应当执行的刑期。但是按照刑法的规定，管制最高不能超过3年，拘役最高不能超过1年，有期徒刑最高不能超过20年。

(3)如果数罪中判处有附加刑的，附加刑仍须执行。

3.诉讼时效

诉讼时效是指依法对犯罪分子追究刑事责任的有效期限。实行追诉时效，有利于实现刑罚预防犯罪的目的，有利于社会的安定团结，也有利于司法机关集中精力打击现行犯罪。

我国刑法关于追诉时效的规定如下：

法定最高刑为不满5年有期徒刑的，经过5年；法定最高刑为5年以上不满10年有期徒刑的，经过10年；法定最高刑为10年以上有期徒刑的，经过15年；法定最高刑为无期徒刑、死刑的，经过20年。如果20年以后认为必须追诉的，须报请最高人民检察院核准。在人民检察院、公安机关、国家安全机关立案侦查或者在人民法院受理案件以后，逃避侦查或者审判的，不受追诉期限的限制。被害人在追诉期限内提出控告，人民法院、人民检察院、公安机关应当立案，而不予立案的，不受追诉期限的限制。

追诉期限从犯罪之日起计算；犯罪行为有连续或者继续状态的，从犯罪行为终了之日起计算。在追诉期限以内又犯罪的，前罪追诉的期限从犯后罪之日起计算。

三、介绍几种常见的犯罪(选讲)

1.故意伤害罪

故意伤害罪是指故意非法伤害他人身体的行为。

故意伤害罪构成要件是：首先，主体只能是自然人一般主体；其次，侵害的客体是他人的身体健康；再次，主观方面表现为非法伤害他人的故意；最后，在客观方面表现为非法伤害他人身体健康的行为。

故意伤害罪的量刑：我国刑法规定，犯故意伤害罪的，处3年以下有期徒刑、拘役或者管制；致人重伤的，处3年以上10年以下有期徒刑；致人死亡的或者以特别残忍手段致人重伤造成严重残疾的，处10年以上有期徒刑、无期徒刑或者死刑。

你有过故意伤害他人身体的行为吗？这会给别人带来什么样的痛苦？同时又会给你带来什么样的后果？

2. 聚众斗殴罪

刑法第292条规定，聚众斗殴的，对首要分子和其他积极参加的，处3年以下有期徒刑、拘役或者管制；有下列情形之一的，对首要分子和其他积极参加的，处3年以上10年以下有期徒刑：多次聚众斗殴的；聚众斗殴人数多，规模大，社会影响恶劣的；在公共场所或者交通要道聚众斗殴，造成社会秩序严重混乱的；持械聚众斗殴的。

聚众斗殴罪的特征：本罪侵犯的客体是公共秩序；在客观方面表现为聚众斗殴，俗称“打群架”；主体是一般主体；主观方面是故意的。

聚众斗殴现象在我们身边发生过吗？有什么危害？

3. 交通肇事罪

交通肇事罪的概念我国刑法第133条规定：违反交通运输管理法规，因而发生重大事故，致人重伤、死亡或者使公私财产遭受重大损失的行为是交通肇事罪。

交通肇事罪的基本特征：首先，本罪侵犯的客体是交通运输安全；其次，本罪在客观方面表现为违反交通运输管理法规，致人重伤、死亡或者使公私财产遭受重大损失的行为；再次，本罪的主体为一般主体，即凡是达到刑事责任年龄、具有刑事责任能力的自然人都可以构成本罪。

对交通肇事罪的处罚，我国刑法第133条规定，违反交通运输管理法规，因而发生重大事故，致人重伤、死亡或者使公私财产遭受重大损失的，处3年以下有期徒刑或者拘役；交通运输肇事后逃逸或者有其他特别恶劣情节的，处3年以上7年以下有期徒刑；因逃逸致人死亡的，处7年以上有期徒刑。

造成交通肇事的原因有哪些？交通肇事罪会给社会和家庭带来多大的灾难？

4. 盗窃罪

盗窃罪是指以非法占有为目的，秘密窃取数额较大的公私财物或者多次盗窃的行为。

盗窃罪犯罪构成要件是：主体是自然人一般主体，即凡年满16周岁并且具有刑事责任能力的自然人，都可以构成盗窃罪；侵犯的客体是公私财产所有权；主观方面为直接故意，并且具有非法占有公私财物的目的；客观方面表现为秘密窃取数额较大的公私财物或者多次盗窃的行为。

盗窃罪的量刑，我国刑法规定，盗窃公私财物，数额较大（以500元至2000元为起点）或者多次盗窃的，处3年以下有期徒刑、拘役或者管制，并处或者单处罚金；数额巨大（以5000元至20000元为起点）或者有其他严重情节的，处3年以上10年以下有期徒刑，并处罚金；数额特别巨大（以30000元至100000元为起点）或者有其他特别严重情节的，处10年以上有期徒刑或者无期徒刑，并处罚金或者没收财产；有下列情形之一的，处无期徒刑或者死刑，并没收财产：盗窃金融机构，数额特别巨大的；盗窃珍贵文物，情节严重的。

你的身边如果发现了小偷，真的该“人人喊打”吗？

5. 赌博罪

赌博罪是指以赢利为目的，聚众赌博、开设赌场或者以赌博为业的行为。

赌博罪的特征：侵犯的客体是社会主义的社会道德风尚；在客观方面表现为聚众赌博、开设赌场或者以赌博为业的行为；主体为一般主体，凡达到法定刑事责任年龄且具备刑事责任能力的自然人均能构成本罪；在主观方面表现为故意，并且以赢利为目的。以赢利为目的并不是说行为人一定要赢得钱财，只要是为了获取钱财，即使实际上未能赢得钱财甚至输了钱，也不影响行为人具备赌博罪的主观要件。

赌博罪的量刑，我国刑法第303条规定：以赢利为目的，聚众赌博、开设赌场或者以赌博为业的，处三年以下有期徒刑、拘役或者管制，并处罚金。

你的身边有人经常赌博吗？

列举赌博的危害。

思 考 题

一、名词解释

1. 刑法	2. 刑罚	3. 犯罪
4. 犯罪客体	5. 刑事责任能力	6. 正当防卫
7. 教唆犯	8. 主刑	9. 量刑
10. 累犯	11. 自首	12. 数罪并罚

二、简答题

1. 简述我国刑法的任务及基本原则。

2. 简述犯罪的特征及构成要件。

3. 根据刑法的规定，自然人刑事责任年龄分为哪几种？

4. 简述正当防卫的条件。

5. 简述共同犯罪的条件。

6. 简述剥夺政治权利的内容。

7. 简述自首的条件和量刑。

三、案例分析

1. 王某和蔡某是同班同学，一次因琐事发生争执。蔡某自感吃亏，于是叫来同乡杨某和包某，准备找王某“算账”。王某得知此事，便约了其好友丁某和蒋某等人和蔡某及其同乡“谈判”。在交涉过程中，双方发生冲突，继而发展为相互斗殴。混战中，王某用刀将杨某捅成重伤，杨某不治身亡。事后，王某对公安人员辩称其行为是正当防卫。

请问，王某与蔡某等人是什么行为？王某真的是正当防卫吗？

2. 鲍某刚拿到驾照没多久。一天夜里，当鲍某驾车行驶在乡间公路上时，发现前面有人横过马路，慌乱中，鲍某采取措施不当，将路人刘某撞到，致使刘某当场昏迷。后在路人的帮助下，将刘某送往医院急救，终因伤势过重，不治身亡。见此情景，鲍某去公安局投案自首。

请问，鲍某的行为构成了什么罪？该如何处罚？假如当时鲍某弃刘某而逃，导致刘某伤重身亡，等待他的又是什么？

第五章　治安管理处罚法基本知识

1. 掌握治安管理处罚的基本原则；
2. 了解治安管理处罚的种类和适用；
3. 了解违反治安管理的行为和处罚。

第一节　治安管理处罚的基本原则、种类和适用

一、治安管理处罚的基本原则

《中华人民共和国治安管理处罚法》于2005年8月28日第十届全国人大常委会第十七次会议通过，自2006年3月1日起施行。

扰乱公共秩序，妨害公共安全，侵犯人身权利、财产权利，妨害社会管理，具有社会危害性，尚未构成犯罪，不够刑事处罚的行为，由公安机关依照本法给予治安管理处罚。

《中华人民共和国治安管理处罚法》是对《治安管理处罚条例》的第三次修改。本次修改变化主要体现在以下八点：

一是，在法律名称上，将“条例”修改为“法”，同时，在体例上将《治安管理处罚条例》的五章45条修改为六章119条。

二是，突出强调了维护社会治安要坚持综合治理的方针，要本着化解社会矛盾、增进社会和谐、维护社会稳定的原则；同时完善了治理管理处罚的原则，增加了以事实为根据的原则，过罚相当原则，公开、公平原则，尊重与保障人权原则。

三是，增加了吊销公安机关发放的许可证、对外国人附加适用限期出境、驱逐出境等处罚种类以及收缴和追缴两项强制措施，减少了没收这一处罚种类；将罚款的最高限额提高到5000元，将行政拘留分为1日到5日、5日到10日和10日到15日这三档。

四是，明确单位是违反治安管理主体，是处罚对象，有效解决了单位违反治安管理的处罚问题。

五是，对行政拘留合并执行作了限制20天的规定，明确了四种对象给予行政拘留处罚但不执行拘留处罚。

六是，规定了五大类238种违反治安管理的行为，与《治安管理处罚条例》相比，增加了124种。

七是，本着程序公正、实体与程序相结合的原则，对处罚程序作了严格和具体的规定。

八是，专设了“执法监督”的内容，明确规定公安机关及其人民警察办理治安案件必须接受社会和公民的监督。

治安管理处罚的基本原则如下：

1. 过罚相当原则

过罚相当原则，是指根据行为人过错的大小决定处罚的轻重。即过错大的重罚，过错小的轻罚，无过错的不罚。这里的过错主要是指违法行为的社会危害程度。治安管理处罚法第19条规定，违反治安管理有下列情形之一的，减轻处罚或者不予处罚：情节特别轻微的；主动消除或者减轻违法后果，并取得被侵害人谅解的；出于他人胁迫或者诱骗的；主动投案，向公安机关如实陈述自己的违法行为的；有立功表现的。第20条规定，违反治安管理有下列情形之一的，从重处罚：有较严重后果的；教唆、胁迫、诱骗他人违反治安管理的；对报案人、控告人、举报人、证人打击报复的；六个月内曾受过治安管理处罚的。都是这一原则的体现。

2. 公开、公正原则

公开、公正原则，是指对违反治安管理行为处罚的法律依据要公开，对违反治安管理行为实施处罚要公开。公正就是要求执法机关要坚持过罚相当的原则。治安管理处罚法第5条规定，治安管理处罚必须以事实为依据，与违反治安管理行为的性质、情节以及社会危害程度相当。实施治安管理处罚，应当公开、公正。

3. 尊重和保障人权原则

尊重和保障人权原则，是指执法机关在适用治安处罚时，必须保障公民的合法权益不受侵害。治安管理处罚法第5条规定，实施治安管理处罚，应当尊重和保障人权，保护公民的人格尊严。

这在治安管理处罚法的其他条款中也得以体现。如第80条规定，公安机关及其人民警察在办理治安案件时，对涉及的个人隐私，应当予以保密。

4. 处罚和教育相结合原则

处罚和教育相结合原则，是指治安处罚的目的不仅仅是为了惩罚违反治安管理的行为，而是为了纠正违法行为及其后果对行为人和广大人民群众进行教育，使人们自觉守法。

治安管理处罚依法由公安机关执行。

二、治安管理处罚的种类和适用

治安管理处罚是指公安机关对违反治安管理,尚不够刑事处罚的人,依法适用的行政强制手段。

1. 治安管理处罚的种类

治安管理处罚的种类包括警告、罚款、行政拘留、吊销公安机关发放的许可证四种。

(1)警告:公安机关以书面形式告诫违反治安管理的行为人,指出其违法的事实,责令其改正或警告其不再犯的一种治安处罚。一般适用于情节比较轻微的行为人。

(2)罚款:公安机关对违反治安管理的行为人依法责令其在一定期限内向国家缴纳一定数量金钱的治安处罚。

(3)行政拘留:公安机关依法剥夺违反治安管理行为人一定期限自由的治安处罚。行政拘留是最为严厉的治安处罚,适用于违法情节严重的行为人。行政拘留的期限为 1 日以上 15 日以下。合并执行不超过 20 日。

(4)吊销公安机关发放的许可证:公安机关依法对从事公安机关许可行业的行为人,因其在经营中严重违反治安管理而收回其由公安机关发放的许可证的一种治安处罚。

此外,治安管理处罚法还规定,对违反治安管理的外国人,可以附加适用限期出境或者驱逐出境。

治安管理处罚法第 11 条规定,办理治安案件所查获的毒品、淫秽物品等违禁品,赌具、赌资,吸食、注射毒品的用具以及直接用于实施违反治安管理行为的本人所有的工具,应当收缴,按照规定处理。

违反治安管理所得的财物,追缴退还被侵害人;没有被侵害人的,登记造册,公开拍卖或者按照国家有关规定处理,所得款项上缴国库。

2. 治安管理处罚的适用

治安管理处罚的适用,包括对未成年人违反治安管理行为的适用、对精神病人违反治安管理行为的适用、对盲人和聋哑人违反治安管理行为的适用、对醉酒的人违反治安管理行为的适用、对多种违反治安管理行为的适用、对共同违反治安管理行为的适用、对单位违反治安管理行为的适用以及关于减轻、不予处罚和从重处罚的规定。

(1)已满十四周岁不满十八周岁的人违反治安管理的，从轻或者减轻处罚；不满十四周岁的人违反治安管理的，不予处罚，但是应当责令其监护人严加管教。

(2)精神病人在不能辨认或者不能控制自己行为的时候违反治安管理的，不予处罚，但是应当责令其监护人严加看管和治疗。间歇性的精神病人在精神正常的时候违反治安管理的，应当给予处罚。

(3)盲人或者又聋又哑的人违反治安管理的，可以从轻、减轻或者不予处罚。

(4)醉酒的人违反治安管理的，应当给予处罚。醉酒的人在醉酒状态中，对本人有危险或者对他人的人身、财产或者公共安全有威胁的，应当对其采取保护性措施约束至酒醒。

(5)有两种以上违反治安管理行为的，分别决定，合并执行。行政拘留处罚合并执行的，最长不超过二十日。

(6)共同违反治安管理的，根据违反治安管理行为人在违反治安管理行为中所起的作用，分别处罚。教唆、胁迫、诱骗他人违反治安管理的，按照其教唆、胁迫、诱骗的行为处罚。

(7)单位违反治安管理的，对其直接负责的主管人员和其他直接责任人员依照本法的规定处罚。其他法律、行政法规对同一行为规定给予单位处罚的，依照其规定处罚。

此外，治安管理处罚法还规定，违反治安管理行为人有下列情形之一，依照本法应当给予行政拘留处罚的，不执行行政拘留处罚：已满十四周岁不满十六周岁的；已满十六周岁不满十八周岁，初次违反治安管理的；七十周岁以上的；怀孕或者哺乳自己不满一周岁婴儿的。

违反治安管理行为在六个月内没有被公安机关发现的，不再处罚。

第二节　违反治安管理的基本知识

一、违反治安管理的行为及其处罚措施

违反治安管理的行为包括：扰乱公共秩序的行为、妨害公共安全的行为、侵犯人身权利、财产权利的行为和妨害社会管理的行为。

1. 扰乱公共秩序的行为

扰乱公共秩序的行为主要有以下几种：

(1)扰乱机关、团体、企业、事业单位秩序，致使工作、生产、营业、医疗、教学、科研不能正常进行，尚未造成严重损失的；扰乱车站、港口、码头、机场、商场、

公园、展览馆或者其他公共场所秩序的;扰乱公共汽车、电车、火车、船舶、航空器或者其他公共交通工具上的秩序的;非法拦截或者强登、扒乘机动车、船舶、航空器以及其他交通工具,影响交通工具正常行驶的等。

有上述行为之一的,处警告或者二百元以下罚款;情节较重的,处五日以上十日以下拘留,可以并处五百元以下罚款。

(2)扰乱文化、体育等大型群众性活动秩序的,强行进入场内的,处警告或者二百元以下罚款;情节严重的,处五日以上十日以下拘留,可以并处五百元以下罚款。违反规定,在场内燃放烟花爆竹或者其他物品的;展示侮辱性标语、条幅等物品的;围攻裁判员、运动员或者其他工作人员的;向场内投掷杂物,不听制止的;扰乱大型群众性活动秩序的其他行为。

因扰乱体育比赛秩序被处以拘留处罚的,可以同时责令其十二个月内不得进入体育场馆观看同类比赛;违反规定进入体育场馆的,强行带离现场。

有上述行为之一的,处五日以上十日以下拘留,可以并处五百元以下罚款;情节较轻的,处五日以下拘留或者五百元以下罚款。

(3)结伙斗殴的;追逐、拦截他人的;强拿硬要或者任意损毁、占用公私财物的;其他寻衅滋事行为。

有上述行为之一的,处五日以上十日以下拘留,可以并处五百元以下罚款;情节较重的,处十日以上十五日以下拘留,可以并处一千元以下罚款。

2. 妨害公共安全的行为

妨害公共安全的行为主要有以下几种:

(1)非法携带枪支、弹药或者弩、匕首等国家规定的管制器具的,处五日以下拘留,可以并处五百元以下罚款;情节较轻的,处警告或者二百元以下罚款。

(2)非法携带枪支、弹药或者弩、匕首等国家规定的管制器具进入公共场所或者公共交通工具的,处五日以上十日以下拘留,可以并处五百元以下罚款。

3. 侵犯人身权利、财产权利的行为

侵犯人身权利、财产权利的行为主要有以下几种:

(1)组织、胁迫、诱骗不满十六周岁的人或者残疾人进行恐怖、残忍表演的;以暴力、威胁或者其他手段强迫他人劳动的;非法限制他人人身自由、非法侵入他人住宅或者非法搜查他人身体的,处十日以上十五日以下拘留,并处五百元以上一千元以下罚款;情节较轻的,处五日以上十日以下拘留,并处二百元以上五百元以下罚款。

(2)殴打他人的,或者故意伤害他人身体的,处五日以上十日以下拘留,并处二百元以上五百元以下罚款;情节较轻的,处五日以下拘留或者五百元以下罚款。

结伙殴打、伤害他人的；殴打、伤害残疾人、孕妇、不满十四周岁的人或者六十周岁以上的人的；多次殴打、伤害他人或者一次殴打、伤害多人的，处十日以上十五日以下拘留，并处五百元以上一千元以下罚款。

(3)冒领、隐匿、毁弃、私自开拆或者非法检查他人邮件的，处五日以下拘留或者五百元以下罚款。

4. 妨害社会管理的行为

妨害社会管理的行为主要有以下几种：

(1)违反关于社会生活噪声污染防治的法律规定，制造噪声干扰他人正常生活的，处警告；警告后不改正的，处二百元以上五百元以下罚款。

(2)偷开他人机动车的；未取得驾驶证驾驶或者偷开他人航空器、机动船舶的，处五百元以上一千元以下罚款；情节严重的，处十日以上十五日以下拘留，并处五百元以上一千元以下罚款。

(3)以赢利为目的，为赌博提供条件的，或者参与赌博赌资较大的，处五日以下拘留或者五百元以下罚款；情节严重的，处十日以上十五日以下拘留，并处五百元以上三千元以下罚款。

(4)饲养动物，干扰他人正常生活的，处警告；警告后不改正的，或者放任动物恐吓他人的，处二百元以上五百元以下罚款。驱使动物伤害他人的，处五日以上十日以下拘留，并处二百元以上五百元以下罚款；情节较轻的，处五日以下拘留或者五百元以下罚款。

温馨提示

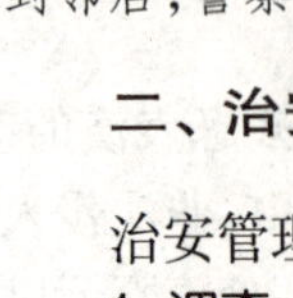

噪声扰民也属违法。《治安管理处罚条例》规定，制造噪声干扰他人正常生活的，将被处予警告；警告后不改正的，处二百元以上五百元以下罚款。例如，在城市市区噪声敏感区域和建筑物集中区域使用高音广播喇叭的；从家庭室内发出严重干扰周围居民生活的环境噪声的，都属违法。这就是说，在家唱卡拉OK声音也不能过大，吵到邻居，警察就可能找上门来。

二、治安管理处罚的程序

治安管理处罚的程序包括调查、决定、执行三种。

1. 调查

调查阶段包括以下内容：

(1)受理和登记。公安机关对报案、控告、举报或者违反治安管理行为人主动投案，以及其他行政主管部门、司法机关移送的违反治安管理案件，应当及时受理，并进行登记。

公安机关受理报案、控告、举报、投案后，认为属于违反治安管理行为的，应当立即进行调查；认为不属于违反治安管理行为的，应当告知报案人、控告人、举报人、投案人，并说明理由。

(2)调查取证。公安机关及其人民警察对治安案件的调查，应当依法进行。严禁刑讯逼供或者采用威胁、引诱、欺骗等非法手段收集证据。

以非法手段收集的证据不得作为处罚的根据。

公安机关对与违反治安管理行为有关的场所、物品、人身可以进行检查。检查时，人民警察不得少于两人，并应当出示工作证件和县级以上人民政府公安机关开具的检查证明文件。对确有必要立即进行检查的，人民警察经出示工作证件，可以当场检查，但检查公民住所应当出示县级以上人民政府公安机关开具的检查证明文件。

检查妇女的身体，应当由女性工作人员进行。

检查的情况应当制作检查笔录，由检查人、被检查人和见证人签名或者盖章；被检查人拒绝签名的，人民警察应当在笔录上注明。

公安机关办理治安案件，对与案件有关的需要作为证据的物品，可以扣押；对被侵害人或者善意第三人合法占有的财产，不得扣押，应当予以登记。对与案件无关的物品，不得扣押。

为了查明案情，需要解决案件中有争议的专门性问题的，应当指派或者聘请具有专门知识的人员进行鉴定；鉴定人鉴定后，应当写出鉴定意见，并且签名。

(3)保密事项。公安机关及其人民警察在办理治安案件时，对涉及的国家秘密、商业秘密或者个人隐私，应当予以保密。

(4)回避制度。人民警察在办理治安案件过程中，遇有下列情形之一的，应当回避；违反治安管理行为人、被侵害人或者其法定代理人也有权要求他们回避：是本案当事人或者当事人的近亲属的；本人或者其近亲属与本案有利害关系的；与本案当事人有其他关系，可能影响案件公正处理的。

人民警察的回避，由其所属的公安机关决定；公安机关负责人的回避，由上一级公安机关决定。

(5)传唤和询问。需要传唤违反治安管理行为人接受调查的，经公安机关办案部门负责人批准，使用传唤证传唤。对现场发现的违反治安管理行为人，人民警察经出示工作证件，可以口头传唤，但应当在询问笔录中注明。

公安机关应当将传唤的原因和依据告知被传唤人。对无正当理由不接受传唤或者逃避传唤的人，可以强制传唤。

对违反治安管理行为人，公安机关传唤后应当及时询问查证，询问查证的时间不得超过八小时；情况复杂，依照本法规定可能适用行政拘留处罚的，询问查证的时间不得超过二十四小时。

公安机关应当及时将传唤的原因和处所通知被传唤人家属。

询问笔录应当交被询问人核对；对没有阅读能力的，应当向其宣读。记载有遗漏或者差错的，被询问人可以提出补充或者更正。被询问人确认笔录无误后，应当签名或者盖章，询问的人民警察也应当在笔录上签名。

询问不满十六周岁的违反治安管理行为人，应当通知其父母或者其他监护人到场。

人民警察询问被侵害人或者其他证人，可以到其所在单位或者住处进行；必要时，也可以通知其到公安机关提供证言。

人民警察在公安机关以外询问被侵害人或者其他证人，应当出示工作证件。

2. 决定

决定阶段包括以下内容：

(1)治安处罚的决定。治安管理处罚由县级以上人民政府公安机关决定；其中警告、五百元以下的罚款可以由公安派出所决定。

对决定给予行政拘留处罚的人，在处罚前已经采取强制措施限制人身自由的时间，应当折抵。限制人身自由一日，折抵行政拘留一日。

公安机关查处治安案件，对没有本人陈述，但其他证据能够证明案件事实的，可以作出治安管理处罚决定。但是，只有本人陈述，没有其他证据证明的，不能作出治安管理处罚决定。

(2)告知义务。公安机关作出治安管理处罚决定前，应当告知违反治安管理行为人作出治安管理处罚的事实、理由及依据，并告知违反治安管理行为人依法享有的权利。

(3)行为人的权利。违反治安管理行为人有权陈述和申辩。公安机关必须充分听取违反治安管理行为人的意见，对违反治安管理行为人提出的事实、理由和证据，应当进行复核；违反治安管理行为人提出的事实、理由或者证据成立的，公安机关应当采纳。

(4)制作处罚决定书。公安机关作出治安管理处罚决定的，应当制作治安管理处罚决定书。决定书应当载明下列内容：被处罚人的姓名、性别、年龄、身份证件的名称和号码、住址；违法事实和证据；处罚的种类和依据；处罚的执行方式和期限；对处罚决定不服，申请行政复议、提起行政诉讼的途径和期限；作出处罚决定的公安机关的名称和作出决定的日期。

(5)处罚书的送达。公安机关应当向被处罚人宣告治安管理处罚决定书，并当场交付被处罚人;无法当场向被处罚人宣告的,应当在两日内送达被处罚人。决定给予行政拘留处罚的,应当及时通知被处罚人的家属。

有被侵害人的,公安机关应当将决定书副本抄送被侵害人。

决定书应当由作出处罚决定的公安机关加盖印章。

(6)期限。公安机关办理治安案件的期限,自受理之日起不得超过三十日;案情重大、复杂的,经上一级公安机关批准,可以延长三十日。

为了查明案情进行鉴定的期间,不计入办理治安案件的期限。

3. 执行

执行包括以下内容:

(1)行政拘留的执行。对被决定给予行政拘留处罚的人,由作出决定的公安机关送达拘留所执行。

被处罚人不服行政拘留处罚决定,申请行政复议、提起行政诉讼的,可以向公安机关提出暂缓执行行政拘留的申请。公安机关认为暂缓执行行政拘留不致发生社会危险的,由被处罚人或者其近亲属提出符合规定条件的担保人,或者按每日行政拘留二百元的标准缴纳保证金,行政拘留的处罚决定暂缓执行。

被决定给予行政拘留处罚的人缴纳保证金,暂缓行政拘留后,逃避行政拘留处罚的执行的,保证金予以没收并上缴国库,已经作出的行政拘留决定仍应执行。

行政拘留的处罚决定被撤销,或者行政拘留处罚开始执行的,公安机关收取的保证金应当及时退还缴纳人。

(2)罚款的执行。受到罚款处罚的人应当自收到处罚决定书之日起十五日内,到指定的银行缴纳罚款。但是,有下列情形之一的,人民警察可以当场收缴罚款:

被处五十元以下罚款,被处罚人对罚款无异议的;在边远、水上、交通不便地区,公安机关及其人民警察依照本法的规定作出罚款决定后,被处罚人向指定的银行缴纳罚款确有困难,经被处罚人提出的;被处罚人在当地没有固定住所,不当场收缴事后难以执行的。

人民警察当场收缴罚款的,应当向被处罚人出具省、自治区、直辖市人民政府财政部门统一制发的罚款收据;不出具统一制发的罚款收据的,被处罚人有权拒绝缴纳罚款。

某小学地处比较偏僻的郊区,几个社会闲散青年经常在学校附近追逐、拦截从学校进出的孩子,以此取乐,有时还蛮不讲理地强行索要孩子的零用钱,有时无缘无故地把孩子的书包割坏,以此寻求精神刺激。一时间,弄得人心惶惶。当地公安机关经过细致的调查、周密的部署，一举端掉了这伙寻衅滋事的违法分子。

分析：有些社会上的闲散人员，针对未成年人自我保护能力差的特点，专门在学校周围，针对未成年人下手，有人把这些人称为“恶少”。上述案例中的违反治安管理行为，不仅侵害了未成年人的身心健康和公民财产安全，而且还严重扰乱了正常的公共秩序，历来是各级公安机关查处的重点。2006 年 3 月 1 日起施行的治安管理处罚法对结伙斗殴、追逐、拦截他人、强拿硬要或者任意损毁、占用公私财物等寻衅滋事作了统一的明确规定，处五日以上十日以下拘留，可以并处五百元以下罚款；情节较重的，处十日以上十五日以下拘留，可以并处一千元以下罚款。

思考题

一、简述题

1. 简述治安管理处罚的基本原则。

2. 简述扰乱公共秩序的行为。

二、案例分析题

1. 梁某与李某合租一套公寓，梁某买了一辆私家车，李某非常羡慕。李某决定学车，也想过过车瘾。一天，李某趁梁某睡觉，偷偷开走梁某的私家车。李某驾车发生刮擦事故，私了后开车回公寓，被梁某发现。次日，梁某到派出所报案。

请问，派出所会对李某进行怎样的处罚，处罚的依据是什么？

2. 男青年王某经常连续发手机短信骚乱女青年倪某，倪某对王某多次警告，但王某依然如故，于是倪某到当地派出所报案。请问王某会得到怎样的处罚？

第六章　经济法基本知识

1. 了解经济法的概念、基本原则，明确我国经济法的调整对象；
2. 掌握我国的企业法、公司法和产品质量法的基本内容；
3. 了解反不正当竞争法、消费者权益保护法和税法的基本知识；
4. 掌握税法和社会保障制度的基本知识。

第一节　经济法概述

一、经济法的概念和基本原则

1. 经济法的概念

经济法是调整国家对本国经济进行管理、协调、监督过程中发生的经济关系的法律规范的总称。在我国社会主义市场经济下，经济法是国家为了克服市场调节的盲目性和局限性而制定的调整经济关系的法律规范的总称，它是适应解决市场失灵和政府失灵问题的需要而形成的一个新兴的独立的法律部门。

经济法比其他法律部门所涉及的面更广泛，既涉及宏观经济活动，也涉及微观经济活动；既有国内经济关系，也有涉外经济关系等。经济法在我国整个法律体系中占有重要的地位。加强经济立法和经济司法，对于保障和促进我国社会主义建设具有非常重要的意义。

2. 经济法的基本原则

(1)发展经济原则。发展经济，满足人民日益增长的物质文化生活的需要，是社会基本经济规律的客观要求，是制定经济法规的根本任务，也是进行一切经济活动的基本出发点和重要依据。

(2)效率公平原则。经济法的作用就在于用法律的形式保护整个国民经济的效率和公平。经济法通过财政税收调节分配，福利制度、社会保障制度则是公平原则的典型表现。通过宏观调控促进整体经济进步，对落后地区政策倾斜，通过反垄断缩小竞争者之间的差距。法律不仅要保护那些有能力的人创造财富的自由，也要保护弱者生存的权利。

(3)利益兼顾原则。经济法的任务就在于兼顾国家整体经济利益,兼顾地方、企业、个人等各种利益,实现社会整体利益最大化。要正确处理国家与企业之间的利益关系,正确处理国家与劳动者个人之间的利益关系,正确处理企业与劳动者个人之间的利益关系等。如市场管理法、反垄断法律制度、反不正当竞争法律制度、票据法律制度、证券法律制度等都是国家对经济的调整管理,完善产业结构、兼顾各方利益。

(4)可持续发展原则。坚持可持续发展战略是我国现代化建设需要考虑的重大课题。经济的发展涉及到资源的开发利用、废弃物的排放、环境保护和治理等一系列社会性问题。因此,经济法必须强调坚持可持续发展的原则,加强责任意识,不能为眼前的利益而牺牲长远利益。

二、经济法的调整对象

任何一个部门法,都有其独立的调整对象,不同的调整对象是区分不同部门法的主要标准。经济法因其主体的特定性、手段的特殊性、内容的特别性决定它有独立的调整对象。经济法调整国家机关、企业、事业单位和其他社会组织内部及相互之间,以及它们与公民之间,在经济生活中所发生的经济关系。其调整对象主要包括:

1. 市场主体组织管理关系

企业是市场经济体系的主体。企业在设立、变更、终止和内部管理过程中发生的经济关系,称为市场主体组织管理关系。调整市场主体组织管理关系的法律主要由企业法构成。

2. 市场管理关系

市场管理过程中发生的经济关系,称为市场管理关系。经济法调整市场管理关系有利于完善市场经济机制,规范市场行为,有效反对垄断,制止不正当竞争,维护市场经济秩序。调整市场管理关系的法律主要由规范市场秩序方面的法律构成。

3. 国家宏观调控关系

国家实现经济总量的基本平衡,促进经济结构的优化配置,推进国民经济的健康发展,对国民经济总体活动进行的调节和控制,称为宏观调控关系。宏观调控以间接手段为主,弥补市场自发调节的缺陷,消除经济总量失衡和结构失调。调整宏观调控关系的法律主要由国家宏观调控方面的法律构成。

4. 社会保障关系

社会保障过程中发生的经济关系,称为社会保障关系。经济法调整社会保障关系有助于充分开发、合理利用劳动人力资源，保障社会成员的基本生活权利，维护社会稳定，促进经济发展。调整社会保障关系的法律主要有劳动和社会保障方面的法律构成。

第二节 企业法、公司法和产品质量法基本知识

一、企业法

1. 企业的概念

企业是最重要的市场主体。它是以赢利为目的而从事生产经营活动，向社会提供商品或服务的独立核算的社会经济组织。企业是人类社会生产力发展到一定阶段的产物，是一个历史范畴。只有当商品经济发展到一定水平，特别是机械化、社会化大生产的出现，才有现代意义上的企业。

2. 企业的特征

(1)企业必须依法成立。企业只有依据法律规定的实体要件和程序要件成立，才可取得相应的法律地位，才能享有权利能力和行为能力，得到国家法律的认可和保护。企业设立所依据的法律，因企业的不同而分别适应不同的企业法。如我国1993年通过的《中华人民共和国公司法》规定了公司设立条件；1997年通过的《中华人民共和国个人独资企业法》规定了个人独资的条件。

(2)企业必须是从事经济活动的组织。所谓经济活动主要包括生产、经营活动以及满足生产和人民生活需要的服务性活动，包括生产、交易、服务等，是一定人、财、物的组合。企业必须从事经济活动，否则就不能算是企业。

学校、国家机关、科研部门属于企业吗？

(3)企业必须是赢利性组织。企业从事生产经营活动目的是为赢利，即实现其经济利益的最大化。以经济活动的收入抵偿支出，并有一定数量的余额，即利润，这是企业赖以生存和发展的必要条件。

(4)企业必须是独立核算的经济组织。企业拥有必要的财产，能单独计算成本费用，以收抵支，计算盈亏，具有独立的经济效益。不实行独立核算的社会组织不能称其为企业。

3. 企业的分类

(1)根据企业财产所有权的归属不同,可分为国有企业、集体企业和私营企业。

国有企业即全民所有制企业,是指财产属于国家所有,依法自主经营、自负盈亏、独立核算的社会主义商品生产和经营单位。这类企业在我国经济体制中占主导地位,是国民经济的支柱。

集体企业可分为城镇集体所有制企业和乡村集体所有制企业,企业财产属于集体所有。城镇集体企业是指在城镇区域内设立的财产归属劳动群众集体所有,实行共同劳动,以按劳分配为主体的社会主义经济组织。乡村集体所有制企业是指以农村集体经济组织或农民投资为主,在乡村举办的承担支援农业义务的各类企业。这类型的企业在现代市场经济体制中,大多数已经被关、停、并、转。

私营企业是指企业财产归私人所有,雇佣 8 人以上的赢利性的经济组织。这类企业产权清晰、责权分明,在市场经济体制中有很强的活力。

(2)根据企业投资的出资方式和责任形式的不同,可分为公司企业、独资企业、合伙企业。

公司企业是指遵照公司法的规定,依公司的模式成立的企业。主要有两类:有限责任公司和股份有限责任公司。这类企业由股东以股份化的出资形成独立的企业财产,公司以其全部财产对债务承担责任,股东仅以其投资额为限承担责任。

独资企业是指由一个自然人投资,财产为投资人个人所有,投资人以其个人财产对企业债务承担无限责任的经济实体。

合伙企业是指自然人、法人和其他组织依照合伙企业法在中国境内设立的普通合伙企业和有限合伙企业。

(3)根据企业是否具有涉外因素,可分为内资企业和外资企业。

内资企业是相对外资企业而言的。一般认为注册资金的来源没有外商投资的企业就是内资企业。

外资企业有三类:中外合资经营企业、中外合作经营企业、外资企业。俗称"三资企业"。这三种企业是依照我国法律规定,在我国境内设立的,由我国的公司、企业和其他经济组织与外国的公司、企业和其他经济组织与个人共同举办或仅由外国投资者举办的企业。

小知识

有下列情况之一的,不准批准设立外资企业:一是,有损我国主权或者社会公共利益的;二是,危及中国国家经济安全的;三是,违反中国法律法规的;四是,不符合中国国民经济发展要求的;五是,可能造成环境污染的。

4. 企业设立的一般条件

企业设立是指依照法律规定的程序筹建企业并取得合法的市场主体资格的全过程。企业成立需要的一般条件概括为以下几项：

(1)有明确的经营范围。根据我国法律规定设立企业必须确定企业的经营范围，以利于工商行政管理部门对企业生产活动进行监督和管理。

(2)有符合国家规定的资金。企业的资金是企业从事生产经营活动的基本条件，也是企业作为法人用以承担民事责任的保证。

(3)有企业章程或协议。如法人企业须有企业章程、合伙企业有书面的合伙协议等。

(4)有自己的名称和生产经营场所。企业名称必须符合法律的规定，才能依法获得登记；而与企业的生产经营规模相适应的场所和设施，则是企业必不可少的物质条件。

(5)有符合法律规定的组织机构和从业人员。如有限责任公司必须设立董事会或一名执行董事等。

5. 企业的法律责任

企业的法律责任是指违反法律规定而应承担不利的法律后果。

(1)企业法律责任的主体。我国企业的法律责任实行企业和个人“双罚制”，即违反法律规定时，企业本身(如有限责任公司、合伙企业、个人独资企业等)及相关责任人员(如企业的法定代表人、企业财务主管人员等)都要承担相应的法律责任。

(2)企业法律责任的实现方式。企业法律责任的实现方式是指企业法律责任确定后，企业应承担的经济职责、经济义务以及其他各项负担。主要有两种：企业依法行事，自觉承担企业法律责任；企业不愿承担企业法律责任时，便有赖于国家制裁和社会制裁的作用，促使其承担法律责任。

我国企业实施违法行为应承担的法律责任主要有民事责任、行政责任、刑事责任三种。

第一，民事责任，主要是财产责任。

第二，行政责任，指国家行政机关或国家授权的有关单位对违反行政管理法律、法规的企业依法采取的行政制裁措施。如罚款、责令停业整顿、吊销执照等。

第三，刑事责任，指国家专门机关对严重违反法律、法规并触犯刑法的企业及其有关的责任人员依法采取的刑事制裁措施。

二、公司法

1. 公司的概念和分类

公司是指依照公司法规定的条件和程序设立的,以赢利为目的的企业法人。

公司根据不同的标准有如下分类:

(1)根据股东对公司债务承担的责任形式为划分标准,可分为无限公司、有限公司、两合公司、股份两合公司及股份有限公司。我国公司法目前只承认有限责任公司和股份有限公司两种形式。

(2)根据公司的信用基础为划分标准,可分为资合公司(如有限责任公司)、人合公司(如无限公司)和人资兼合公司(如有限责任公司)。

(3)根据公司之间的控制与管辖关系为划分标准,可分为母公司与子公司,总公司与分公司。

(4)根据公司的股票转让方式不同为标准,可分为上市公司与不上市公司。

2. 公司设立的条件

公司设立是发起人为组建公司,使其具有法人资格,依照法定的条件和程序进行的一系列活动。公司设立的条件包括实质条件和程序条件,前者如公司设立必须具备最低资本金、公司章程、公司名称、组织机构、住所等;后者如设立公司必须履行法律规定的审批和登记程序、提交相应的文件、领取营业执照等。只有符合公司法和相关法律要求的条件才可以设立公司。

小知识

公司的住所是公司主要办事机构所在地。公司名称由四部分组成,一般包括所在地区(如杭州)、字号(如娃哈哈)、经营业务种类(如食品),以及最后的有限责任公司或有限公司字样,该公司的全称即为杭州娃哈哈食品有限公司。

3. 公司职工的权益保护

公司职工的权益保护体现在以下几个方面:

(1)公司必须保护职工享有的公民权益,如选举权和被选举权,宗教信仰自由,言论、出版、集会、结社、游行、示威自由、通信自由等。

(2)加强劳动保护、保证职工休息休假的权利。公司应为防止各种工伤事故的发生采取必要措施,为预防职业病和各种职业危险采取保护措施,实现安全生产。同时制定公司职工休息、休假的制度,保证职工劳逸结合,更好地为公司和社会作出贡献。

(3)公司应采取多种形式,加强公司职工的职业教育和岗位培训,包括文化基础知识教育、专业知识教育、现代化办公理念教育等，提高职工素质。

(4)依法与职工签订劳动合同，参加社会保险，使该公司职工在年老、疾病或者丧失劳动能力时，可以从国家和社会获得物质帮助。

(5)依法组织工会，保证职工参加民主管理的权利。公司应该为本公司工会提供必要的条件，如必要的经费、活动场所、适当的时间等，工会代表职工就职工的劳动报酬、工作时间、福利、保险和劳动安全卫生等事项依法与公司签订集体合同。

4. 有限责任公司与股份有限公司

有限责任公司简称有限公司，是指由一定数量的股东组成的，股东以其出资额为限对公司承担责任，公司以其全部资产对公司的债务承担责任的企业法人。

股份有限公司又称股份公司，是指公司全部资本划分为等额股份，股东以其所持股份为限对公司承担责任，公司以其全部资产对公司债务承担责任的企业法人。

有限责任公司与股份有限公司的比较见表 6-1 所示。

有限责任公司与股份有限公司的比较 表 6-1

比　　较	有限责任公司	股份有限公司
不同点	1. 资本不划分为等额股份； 2. 只能在股东内部筹资。出资不一定是货币，还可以是技术、厂房、土地等； 3. 股东人数限制为 50 人以下； 4. 最低注册资本为 3 万元； 5. 设立程序简单； 6. 适应中小型企业	1. 资本划分为等额股份； 2. 发行股份筹资，资本必须是货币； 3. 股东人数限制为 2 ~ 200 人； 4. 注册资本最低限额为 500 万元； 5. 设立程序较复杂； 6. 适应大中型企业
相同点	1. 都是依法设立的企业法人； 2. 股东均负有限责任； 3. 公司均以其全部资产对债务承担责任； 4. 公司组织机构均有股东会、董事会、监事会	

5. 公司的法律责任

(1)公司的社会责任。指公司不能仅仅以最大限度地为股东们赢利或赚钱作为自己唯一存在目的，而应当最大限度地增进股东利益之外的其他所有社会利益，包括雇员利益、消费者利益、债权人利益、中小竞争者利益、当地社会利益、环境利益、社会弱者利益及整个社会利益等内容。因此,公司的社会责任更加强调对其他利益者的利益保护,以纠正立法上对股东利益的过度保护,从而体现法律的公平。

(2)公司虚报注册资本的法律责任。虚报资本是指对注册资本谎报多报的行为。对采取此类手段取得公司登记的,由公司登记机关责令改正并对公司处以罚款、撤销公司登记、吊销营业执照或按虚报注册资本罪进行刑事处罚。

(3)公司违反关于财务、会计规定的法律责任。包括公司另立会计账簿的法律责任、公司提供虚假财务会计报告的法律责任、公司违法提取法定公积金的法律责任。

(4)公司违反关于合并、分立、减少注册资本或者清算的规定的法律责任。包括公司不依照法律规定通知、公告债权人的法律责任;公司妨碍清算行为的法律责任;公司的清算责任。

(5)公司未依法开业和变更登记的法律责任。如公司逾期不登记已变更的名称、住所和公司注册资本等,将处以1万元以上10万元以下的罚款。

(6)外国公司擅自在中国境内设立分支机构的法律责任。外国公司欲在我国设立分支机构,必须经我国政府批准,并依法办理核准登记手续,取得营业执照后方可营业。

三、产品质量法

1.产品质量法的概念和适用范围

产品,从经济学上讲,是人们为了生存的需要而有目的的生产劳动所创造的物质资料。从法律规定看,产品质量法所称的产品是指经过加工、制作、用于销售的产品。

天然的物品,如石油、野生植物、初级农产品等,非用于销售的物品,如未投入流通的生活日用品、试用产品等属于产品质量法调整的范围吗?

产品质量,是指产品应具有的,符合人们需要的各种特性。如适用性、安全性和可靠性等。

产品质量法,是调整产品监督管理关系和产品质量责任关系的法律规范的总称。广义上的产品质量法包括任何调整产品质量和产品责任关系的法律、法规。狭义的产品质量法,专指国家制定的有关产品质量的基本法律,即《产品质量法》。我们通常说的产品质量法是指狭义的产品质量法。

产品质量法适用于我国境内从事的产品生产、销售活动的企业,其他组织和个人(包括外国人);调整对象包括两个方面的关系,一是产品质量监督管理关系,二是产品质量责任关系。但产品运输、仓储等环节,一般不与产品用户、消费者发生直接关系,所以不属于产品质量法调整范围。

2. 生产者的产品责任和义务

(1)生产者保证产品的内在质量的义务。产品质量应当符合国家、行业安全标准,生产者对产品的性能、质量应作明确的承诺和保证。

(2)产品标志别和包装符合法律规定的要求。要求产品标志及包装应当有产品说明、质量标准、注意事项、警示标志等。

(3)生产者应当遵守消极禁止性规定。不得生产"三无"产品及假冒伪劣产品。

案例分析

洪某购买了一把某市刀剪厂生产的缝纫剪刀,剪刀外包装上有"产品检验合格证"。可是,洪某买回来试用一下,连一件衣服还没有剪完,剪刀的锭脚就断裂了,无法正常使用。试问厂家是否违反了产品质量义务?

3. 销售者的产品质量责任和义务

(1)销售者应当建立并执行进货检查验收制度,验明产品合格证明和其他标志。

(2)销售者应当保证产品符合产品质量法对产品标志的要求。

(3)应当采取措施保持销售产品的质量,以防止产品变质、腐烂,丧失或降低使用性能,造成危害人身、财产安全的不良后果等。

(4)销售者应当遵守消极禁止性规定。不得销售"三无"产品及假冒伪劣产品。

4. 产品质量法律责任范围

产品质量责任是指产品生产者或销售者对产品质量依法应承担的义务以及违反该义务时所应承担的法律责任。

产品质量法律责任包括民事责任、行政责任、刑事责任。

民事责任主要表现为损害赔偿责任。因产品瑕疵而应承担的损害赔偿责任,其承担方式主要是修理、更换、退货、赔偿四种。因产品缺陷造成人身、他人财产损害的赔偿责任,由生产者和销售者承担连带责任,即受害人可以向生产者索赔,也可以向销售者索赔。

行政责任与刑事责任。生产者生产"三无"产品及假冒伪劣产品、销售者销售"三无"产品及假冒伪劣产品应承担相应的行政责任(如责令停业整顿、没收违法所得、罚款、吊销营业执照等),情节严重构成犯罪的,应依法追究刑事责任。

第三节　反不正当竞争法和消费者权益保护法基本知识

一、反不正当竞争法

1. 反不正当竞争法的概念和调整范围

不正当竞争是指经营者违反反不正当竞争法的规定,损害其他经营者的合法权益,扰乱社会经济秩序的行为。不正当竞争具有以下特征:

(1)不正当竞争行为的主体是经营者。

(2)不正当竞争行为是违法行为。

(3)不正当竞争行为侵害的客体是其他经营者的合法权益和正常的社会经济秩序,具有一定的社会危害性。

反不正当竞争法是调整不正当竞争行为、维护公平竞争过程中发生的经济关系的法律规范的总称。从狭义上讲,它以平等的市场主体间的竞争关系为调整对象。从广义上看,它调整的是一种不正当竞争行为,即经营者在市场交易活动的提供商品或服务的经营活动中,违背诚实信用的原则和公认的商业道德,损害其他经营者合法权益,扰乱社会经济秩序的行为,同时也调整一部分限制竞争行为。

2. 不正当竞争行为种类

(1)侵犯他人商标以及其他假冒或仿冒行为。

(2)强制性的交易行为。

(3)商业贿赂行为。

(4)虚假宣传行为。

(5)侵犯商业秘密行为。

(6)滥用行政权力行为。

(7)压价排挤竞争对手行为。

(8)附加不合理条件行为。

(9)损害他人商业信誉、商品声誉行为。

(10)诱惑性的不正当竞争行为。

(11)串通招标、投标行为。

3. 违反不正当竞争法的法律责任

根据我国反不正当竞争法的规定,经营者只要实施了各种不正当竞争行为给其他经营者造成损害的，就要承担相应的法律责任。

(1)民事责任。民事责任可分为以下几种情形：

第一，经营者的损失可以计算的，损失多少，赔偿多少；

第二，经营者的损失难以计算的，赔偿额为侵权人在侵权期间因侵权所获得的利润；

第三，除赔偿外，还得承担经营者因调查其合法权益受侵害的不正当竞争行为所支付的合理费用。

(2)行政责任。反不正当竞争法规定的行政责任，要通过不正当竞争行为的监督检查部门对不正当竞争行为的查处来实现。行政责任的形式主要包括行政处分与行政处罚两种。

(3)刑事责任。刑事责任适用于那些对其他经营者、消费者和社会经济秩序损害严重、情节恶劣的不正当竞争行为。

二、消费者权益保护法

1. 消费者的概念和基本特征

消费者是指为生活消费需要而购买、使用商品或接受服务的个人和单位。其基本特征有以下几点：

(1)消费者的消费性质必须是生活消费(物质消费和精神消费)。

(2)消费客体必须是法律允许提供的商品和服务。

(3)消费方式包括购买、使用(商品)和接受(服务)。

(4)消费主体主要是个人，还包括进行生活消费的单位。

2. 消费者权益保护法的原则

(1)交易自愿、平等、公平、诚实信用的原则。

(2)国家保护消费者合法权益不受侵害的原则。

(3)全社会共同保护消费者合法权益的原则。在国家保护的基础上，动员一切社会力量，进行预防、控制、规范和监督，维护消费者合法权益。

3. 消费者的具体权利

(1)消费者的安全权。安全权是消费者最重要的权利。它包括人身安全权和财产安全权，是指消费者在购买、使用商品和接受服务时享有人身、财产安全不受侵害的权利。

(2)消费者的知情权。消费者享有知悉其购买、使用的商品或者接受的服务的真实情况的权利。

(3)消费者的选择权。选择权是指消费者自主选择商品或者接受服务的权利。包括自主选择经营者的权利、自主选择商品品种或接受服务方式并进行比较、鉴别和挑选的权利。

(4)消费者的公平交易权。公平交易权主要体现在两个方面:一是,消费者在购买商品或者接受服务时,有权获得质量保障、价格合理、计量正确等公平交易条件;二是,消费者有权拒绝经营者的强制交易行为。

某国道旁一酒店,在春运期间,店老板多次以强行拦阻、驾车追撵过往客车及扣留驾驶证件的方式,强迫驾乘人员到其酒店就餐,对不愿就餐的驾乘人员按整车人数收取餐费,对未就餐的乘客采取暴力、言语威胁等手段迫使其缴纳餐费。试分析该酒店老板的做法是否侵害了消费者的利益。应受到怎样的法律制裁?

(5)消费者的求偿权。求偿权是指消费者在购买、使用商品或者接受服务时,受到人身、财产损害的,享有依法获得赔偿的权利。

(6)消费者的结社权。结社权是指消费者享有依法成立维护自身合法权益的社会团体的权利,如我国的消费者协会。

(7)消费者的获得知识权。消费者享有获得有关消费方面知识的权利和有关消费者权益保护方面知识的权利。

(8)消费者的受尊重权。消费者的受尊重权包括人格尊严受尊重权和民族风俗习惯获得尊重权两方面。

(9)消费者的监督权。消费者的监督权包括三方面的内容:一是,有权对商品和服务的质量、价格、计量等进行监督;二是,有权检举、控告国家机关及其工作人员的违法行为;三是,有权对保护消费者权益工作提出批评和建议。

4. 经营者的具体义务

经营者是向消费者提供其生产、销售的商品或者其他服务的单位和个人。它是以赢利为目的的从事生产经营活动并与消费者相对应的另一方当事人。

消费者权益保护法规定了经营者的十项义务:

(1)履行法律、法规规定及与消费者约定的义务。

(2)经营者接受消费者监督的义务。

(3)保证商品和服务安全的义务。

(4)经营者提供商品和服务真实信息的义务。

(5)经营者标明真实名称和标记的义务。

(6)经营者出具货物凭证和服务单据的义务。

(7)经营者保证商品或者服务质量的义务。

(8)履行“三包”或者其他责任的义务。

(9)经营者不得不当免责的义务。

(10)经营者尊重消费者人格的义务。

关于“三包”的民事责任，其主要内容为：

(1)对国家规定或经营者与消费者约定包修、包换、包退的商品，经营者应当负责修理、更换或退货。

(2)在保修期内两次修理仍不能正常使用的，经营者应当负责更换或退货。

(3)依法经有关行政部门认定为不合格的商品，消费者要求退货的，经营者应当负责退货。

(4)对包修、包换、包退的大件商品，消费者要求经营者修理、更换、退货的，经营者应当承担运输等合理费用，如大件的家具、电视机、电冰箱、洗衣机等商品。

5. 消费者权益争议的解决

商店出售商品随意提价，是否属于侵犯消费者权益的行为？作为消费者的你应如何处理？

消费者权益争议是指在消费领域中，消费者与经营者之间发生的与消费者权益有关的争议。从法律属性上看，属于民事权益争议的范畴。

消费者权益保护法规定，消费者和经营者发生消费者权益争议的，可通过以下途径解决：

(1)与经营者协商和解。是双方在平等自愿的基础上，就有关争议进行协商，最终达成解决争议的方案。

(2)请求消费者协会调解。在消费者协会的主持下，当事人双方通过自愿协商达成协议，解决纠纷。

(3)向有关行政部门申述。比如向工商行政管理机关、技术监督、价格监督、卫生防疫等部门反映情况，请求解决纠纷，处理经营者的违法行为。

(4)根据仲裁协议提请仲裁。仲裁是当事人自愿将争议提交仲裁委员会裁决的一种法律制度，有公正、权威、快速、经济、保密性强的优点。

(5)向人民法院提起诉讼。这是通过司法审判程序解决消费争议的一种最权威、最有力度的方式。其性质为民事诉讼，应根据民事诉讼法的有关规定进行。

案由:2004 年年底,张先生花了 100 元在一家洗染公司的特许加盟店购买了一张洗衣卡。2005 年 3 月,该店突然停业关门,而张先生的卡内还剩余 72 元,于是他与该特许加盟店的特许总部联系要求解决。特许总部却推说他们只负责向特许加盟店提供技术支持,特许加盟店所有经营行为产生的后果均由其自负。于是,张先生向消费者保护协会寻求帮助。

处理结果:经过消协的调解,该特许总部退还了张先生卡内余额,并表示原来不想承担特许加盟店经营行为后果的做法不恰当,今后将加强特许加盟店的经营管理。

评析:依照消费者权益保护法关于"经营者以预收款方式提供商品或者服务的,应当按照约定提供。未按照约定提供的,应当按照消费者的要求履行约定或者退还预付款"的规定,特许加盟店以特许总部名义对外宣传,开展经营活动,消费者也依据特许总部的品牌声誉作出消费选择,因此特许总部对特许加盟店的侵权行为应当承担连带责任。特许总部应当退还卡内的余额。

第四节　税法基本知识

一、税收的概念和特征

1. 税收的概念

税收是指国家为了实现其公共职能而凭借其政治权力,依法强制、无偿取得财政收入的活动或手段。

税收有着非常重要的地位。税收活动是国家参与社会产品分配和再分配的重要手段,税收杠杆是国家据以进行宏观调控的重要工具,税收收入是国家财政收入的最主要来源。没有税收,国家机器就不能有效运作,国家也将难以存续。

2. 税收特征

(1)强制性。税收是凭借国家政治权利强制征收的。纳税人必须依法纳税,否则就要受到法律制裁。

(2)无偿性。国家取得的税收是无条件的,既无须偿还,也不付出任何代价,是一种无偿取得。

(3)固定性。税收是国家按照法律预先规定的范围、标准和环节征收的,不经国家批准不能随意改变。

(4)公共目的性。税收作为提供公共物品的最主要的资金来源,着重以满足公共欲望、实现国家的公共职能为直接目的。为此,税收必须根据纳税主体的负担能力依法普遍课征,但它并不具有惩罚性。

二、税法的概念和构成要素

1. 税法的概念

税法是调整国家与纳税人之间在征收和缴纳税款方面发生的社会关系的法律规范的总称,是国家向纳税人征税的法律依据。

2. 税法的构成要素

(1)纳税主体。税法中规定每种税收同时规定特定的纳税主体。纳税主体又称纳税人或纳税义务人,指税法规定的直接负有纳税义务的社会组织和个人,还包括代扣代缴义务的纳税人,如工薪发放的单位、纳税个人等。

(2)征税对象。指对什么征税。根据征税对象的不同,我国税收分为五大类:流转税、所得税、财产税、行为税、资源税。

(3)税种和税目。税种指的是税收的种类,指征的是什么税,如个人所得税。税目是指各税种中具体规定的应纳税的项目,是征税对象的具体化,反映征税的范围和广度。

(4)税率。税率是指纳税额占征税对象数额的比例,是计算应纳税额的主要尺度。我国税法中规定的税率有三种:比例税率、累进税率和定额税率。

比例税率是对同一征税对象,不论数量和金额多少,统一采用一个比例征收。如企业所得税为33%的税率。

累进税率是指根据对象的大小,规定计征比例递增的税率,随着征税对象数额的扩大,税率也相应上升。

定额税率又称固定税率,是按每一单位征税对象直接规定固定的税额。

(5)纳税环节。指应当纳税的产品在其整个流转过程中,税法规定应缴纳税款的环节。

(6)纳税期限。指税法规定纳税人缴纳税款的具体时限。

(7)减税免税。指税法对特定的纳税人或征税对象给予鼓励和照顾,减轻或免除其税负的一种优惠规定。

(8)违章处理。指对纳税人的欠税、偷税、抗税或未履行纳税登记、申报等违章行为,税务机关可依法对不同违章行为作出不同的处理。

三、我国现行税收的种类

我国现行税收,按征税对象大致分为流转税、所得税、资源税、特定行为税和财产税五类：

1. 流转税

流转税是指对商品流转额所征收的税。包括增值税、消费税、营业税和关税。

(1)增值税。增值税是以纳税人生产经营活动的增值额为征收对象的一种间接税。根据国务院发布的《中华人民共和国增值税暂行条例》，增值税的征收范围为：在中华人民共和国境内销售的货物或者提供的加工、修理修配劳务以及进口的货物。

小知识

我国增值税的税率分为三档，即基本税率、低税率和零税率。基本税率为17%，适用于一般情况下的销售货物、提供应税劳务和进口货物。低税率为13%，适用于下列货物的销售和进口：

①粮食、食用植物油；

②自来水、暖气、冷气、热水、煤气、石油液化气、天然气、沼气、居民用煤炭制品；

③图书、报纸、杂志；

④饲料、化肥、农药、农机、农膜；

⑤国务院规定的其他货物。零税率仅适用于法律不限制或不禁止的报关出口的货物，以及输往海关管理的保税区等特殊区域的货物。

(2)消费税。以消费品(或消费行为)的流转额为征税对象而征收的一种流转税。

(3)营业税。又称销售税，是以纳税人生产经营活动的营业额(销售额)为征税对象的一种流转税。

(4)关税是对进出中华人民共和国国境货物或者物品征收的一种流转税。

2. 所得税

所得税是指以纳税人的所得或收益额为征收对象的一种税，包括企业所得税、个人所得税等。

小知识

个人所得税是以个人所得为征收对象，并由获取所得的个人缴纳的一种税。我国个人所得税制度的法律规定表现为全国人大于1980年9月10日通过并于1993年10月31日、1999年8月30日和2005年10月27日修正的《个人所得税法》，以及其他配套的法规、规章等。现行的个人所得税法将工资、薪金所得的应纳税所得额的减除费用提高到1600元，大大减轻了工薪阶层的税负。

3. 资源税

资源税是指在中华人民共和国境内对开采应税资源的矿产品(如天然气、

煤炭、有色金属）或者生产盐的单位和个人征收的一种税，包括矿产税等。

4. 特定行为税

特定行为税是指政府为实现一定目的，对某些特定行为所征收的税收。行为税征收范围小，征税对象具有限定性，税收收入小且不稳定，主要包括印花税、屠宰税等。

5. 财产税

财产税是指以法人和自然人拥有的财产数量或者财产价值为征税对象的一类税收。财产税的征税对象一般可以分为不动产和动产两大类，不动产包括土地和土地上的建筑物，动产包括有形资产（如耐用消费品、家具、车辆等）和无形资产（如股票、债券、现金、银行存款等）。

四、税收征收管理

1. 税收征收管理法的概念

税收征收管理法，是指国家制定的调整税收机关对纳税人依法征收税款和进行税务监督管理关系的法律规范的总称。

我国新的《中华人民共和国税收征收管理法实施细则》是何时实行的？

2. 税收征收管理制度

税收征收管理制度是指税务机关在税收征收管理中依法对征纳行为实施的基础的管理行为、管理措施和管理制度，主要包括以下几个方面：

(1)税务登记制度。税务登记是指税务机关根据税法规定对纳税人的生产、经营活动进行登记管理的一项制度，包括开业登记、变更登记、注销登记。从事生产、经营的纳税人自领取营业执照之日起 30 日内，按照征管法规定的程序及要求向税务机关办理税务登记。

(2)纳税申报制度。纳税申报是纳税人履行纳税义务的法定手续。纳税人必须在法定申报期内办理纳税申报，报送纳税申报表、财会报表或代扣代缴、代收代缴税款报告表以及税务机关根据实际需要要求纳税人报送的其他纳税资料。

(3)税款征收制度。税款征收是税务机关在法律法规规定的期限内，依法对纳税人、扣缴义务人按一定的征收方式征收税款的管理活动的总称。税务机关必须依法征收税款，不得违法开征、停征、多征或少征税款。

(4)税务代理制度。税务代理制度是指由社会中介机构(代理机构)、代理人员接受纳税人或税务机关的委托,为委托人办理纳税申报、结算清缴、纳税检查和税务咨询等涉税事务的一项制度。

第五节 劳动法和社会保障制度

一、劳动法

1. 劳动法的概念与适用范围

劳动法是调整劳动关系以及与劳动关系密切相关的其他社会关系的法律规范的综合。劳动法的目的在于通过法律来调整劳动关系,以保护劳动者的合法权益,确立和维护用人单位与劳动者之间的稳定、和谐的劳动关系。

我国劳动法适用于中华人民共和国领域内的企业、个体经济组织和与之形成劳动关系的劳动者。不论劳动者是否与企业、个体经济组织之间签订劳动合同,只要存在事实劳动关系,其权益也受法律保护。

案例分析

某搬运公司雇请方某做搬运工,在未签订劳动合同前的一次搬移货物的过程中,方某腿部严重扭伤,方某要求公司支付医药费并按工伤处理。这一要求合理吗?方某的合法利益是否受劳动法保护?为什么?

2. 劳动法的基本原则

劳动法的基本原则是指国家劳动立法的思想,是调整劳动关系以及与劳动关系密切联系的社会关系时所必须遵循的基本准则。劳动法的基本原则可以概括为:

(1)公民享有劳动权利和承担劳动义务原则。

(2)维护劳动者合法权益的原则。

(3)参加民主管理原则。

(4)实行按劳分配与公平救助相结合的原则。我国劳动法第46条规定:工资分配应当遵循按劳分配原则,实行同工同酬。公平求助原则主要体现在社会保险制度上。

(5)劳动者平等竞争与特殊劳动保护相结合的原则。平等竞争规定了劳动者不论性别、民族、出身及财产状况等,有权就业,并通过劳动获取劳动报酬。劳动者还注重对女职工、残疾劳动者、未成年工等特殊劳动者的劳动保护。

小知识

我国现行劳动法是八届全国人大常委会第八次会议于1994年7月5日通过并于1995年1月1日起施行的。2007年6月29日全国人大常委会第二十八次会议审议通过了《中华人民共和国劳动合同法》,该法于2008年1月1日起施行,进一步提高了对员工的保护力度。

3.劳动者的基本权利和义务

根据劳动法的规定,劳动者的基本权利主要有:

(1)平等就业和选择职业的权利。

(2)取得劳动报酬的权利。

(3)休息休假的权利。

(4)获得劳动安全卫生保护的权利。

(5)接受职业培训的权利。

(6)享受社会保险和福利的权利。

(7)依法参加工会和职工民主管理的权利。

(8)提请劳动争议处理的权利。

(9)法律规定的其他劳动权利。

劳动者的基本义务主要有:

(1)劳动者应按时完成劳动任务。劳动者的劳动权利能力和劳动行为能力必须由劳动者本人实现。

(2)提高职业技能。

(3)执行劳动安全卫生规程。

(4)遵守劳动纪律和职业道德。

二、劳动合同

1.劳动合同的概念和特征

劳动合同又称为劳动协议或劳动契约,是劳动者与用人单位(企业、事业单位、机关、团体等)之间用来确立劳动关系,明确双方权利和义务的书面协议。

劳动合同除具有一般合同的特征外,还有其独特的特征:

(1)主体的特定性。主体为双方当事人,一方是劳动者,一方是用人单位,并以法律的形式确定主体双方的法律关系。

(2)内容的特殊性。劳动合同的客体是劳动行为。劳动者按合同约定,根据用人单位的工作要求、劳动规章进行劳动并获得报酬,用人单位负责分配工作,按劳动者劳动的数量和质量支付劳动报酬,并根据劳动法律、法规和双方协议约定提供劳动条件、社会保险和福利待遇。

(3)劳动者在签订和履行劳动合同中的地位的特殊性。劳动者与用人单位遵循平等、自愿、协商一致的原则签订劳动合同,双方法律地位平等。但在劳动合同履行过程中,劳动者与用人单位之间,存在隶属关系。

李某在一家制药厂工作已满合同期5年,因要调到省城某企业工作,李某拒绝与制药厂续签合同,制药厂则不同意其调走并扣押其人事档案。请问该制药厂的做法对吗?

2. 劳动合同的订立和内容

劳动合同的订立是指劳动者和用人单位经过相互选择和平等协商,就劳动合同条款达成协议,从而确立劳动关系和明确双方权利义务的法律行为。订立劳动合同必须采取书面形式。

劳动合同订立的原则:

(1)合法原则。

(2)平等自愿原则。

(3)协商一致原则。

劳动合同订立条件和程序:

(1)劳动合同的当事人必须是年满18周岁,具有劳动行为能力的公民。用人单位应是依法成立或核准登记的企业、个人经济组织、国家机关、事业组织、社会团体等。

(2)在程序上,要经过要约和承诺两阶段:一是由用人单位提出邀约并确定被邀约方;二是被邀约人承诺并与用人单位签订劳动合同。

订立劳动合同时要仔细了解劳动合同的内容即合同条款,一般分为必备条款和协议条款。必备条款有:

(1)劳动合同期限。其中应包括合同的生效日期和终止日期。

(2)工作内容。如工作岗位,劳动的数量、质量等。

(3)劳动保护和劳动条件。指用人单位提供的劳动保护措施和标准的工作环境。

(4)劳动报酬。包括工资、奖金、津贴等待遇。

(5)劳动纪律。劳动者必须遵守的用人单位内部劳动规则。

(6)劳动合同终止条件。

(7)违约责任。协议条款包括:试用期条款、保守商业秘密和专有技术秘密条款、禁止同业竞争条款、第二职业条款、违约金和赔偿金条款等。

3. 劳动争议的解决

劳动争议又称劳动纠纷，它是指劳动关系中的劳动者与用人单位之间双方因执行劳动法律、法规或履行劳动合同、集体合同而发生的纠纷。

我国处理劳动争议按以下程序进行：

(1)协商。劳动争议发生后，当事人双方自行协商，在法律允许的范围内达成劳动争议的协议。其特点是无第三者参与，不受程序约束，完全是由双方自愿达成协议。

(2)调解。即通过第三者的说服、疏导，使劳动争议在当事人双方的互谅互让中得以解决。如劳动争议发生后，当事人双方愿意调解的，可以向调解委员会申请调解等。

(3)仲裁。劳动争议发生后，当事人任何一方都可直接向劳动争议仲裁委员会申请仲裁。仲裁委员会受理后要制作具有法律约束力、当事人必须自觉履行的仲裁调解书。申请劳动争议仲裁应在劳动争议发生之日起60日内申请仲裁，未经仲裁的劳动争议案件，当事人不得向人民法院起诉。

(4)诉讼。当事人对仲裁裁决不服的，可自收到仲裁裁决书之日起15日内向人民法院提起诉讼。人民法院应当受理。它是解决劳动争议的最终程序。

小知识

劳动争议的解决途径，可概括为以下步骤：发生争议——双方协商解决(非必经程序)——劳动争议调解委员会(非必经程序)——劳动争议仲裁委员会(必经程序)——人民法院(必经程序)。

三、社会保障制度和社会保障体系

1. 社会保障的概念和内容

社会保障是指国家通过立法和行政措施设立的，旨在保证社会成员基本经济生活安全各种项目的总和。

社会保障具有以下特点：

(1)强制性。社会保障的一系列活动都由国家立法加以确定。如社会保障各职能机构保障资金筹集的方式和标准，社会保障项目和标准的确定，对社会保障活动的监督等都依法规定。

(2)社会性。其主要表现为在保障对象的普遍性、社会保障责任和义务的社会化、社会保障功能的公益性。

(3)福利性。社会保障不在于赢利，而在于保障社会成员的基本生活，是造福于人民的社会公益事业。

(4)互助性的特征。社会保障所遵循的基本原理是广泛集聚众多资金,分散危险损失的互助共济的原则。

具有中国特色的社会保障体系由四部分组成:

(1)社会救助,是一种最低层次的生活保障,其目标是扶危济贫,救助社会脆弱群体,对象是社会的低收入人群和困难人群。

(2)社会保险,是指国家通过立法强制实行的,由劳动者、企业(雇主)或社区以及国家三方共同筹资,建立保险基金,对劳动者失业或失去劳动力后的基本生活保障。

(3)社会福利,是国家和社会为满足社会成员基本物质和精神需要而提供的设施和相应的服务,其目标是保障和提高生活质量。

(4)社会优抚,是指国家或社会对现役、退伍、复员、伤残军人及烈士家属等法定范围的特殊群体给予抚恤和优待的一种社会保障制度。抚恤是对因公伤残人员、因公牺牲及病故人员家属采取的一种物质抚慰方式,包括伤残抚恤和死亡抚恤。优待是指从政治上和物质上给予优待对象良好的物质或资金待遇、优先照顾与专项服务。

2. 社会保险的内容

社会保险是国家通过立法强制征收保险费用,对劳动者在暂时或永久丧失劳动能力及失业时,为保障其基本生活需要,由国家或社会向其提供物质帮助或服务的一种社会保障制度。

社会保险有以下五个方面的内容:

(1)工伤保险。工伤是指企业职工在生产岗位上,从事与生产劳动有关的,或由于劳动条件、作业环境所致引起的人身伤害事故、职业病等。工伤保险是为了保障劳动者在工作中遭受事故伤害和患职业病后获得医疗救治、经济补偿和职业康复权利,分散工伤风险所建立的一种社会保险制度。

(2)养老保险。养老保险是国家依法为达到一定年龄或因工、因病丧失劳动能力的劳动者提供基本生活保障而建立的一项社会保险制度,是社会保障制度中最为重要的内容。

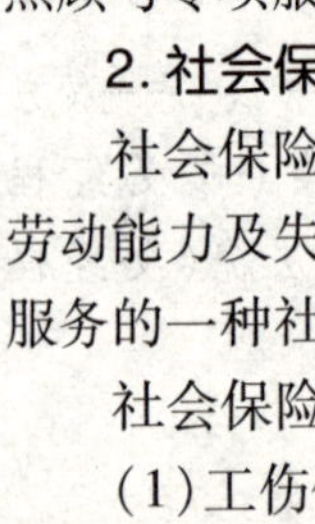

我国养老保险金来源于哪里?

(3)失业保险。失业是一部分有劳动能力和就业要求的劳动者非本人原因暂时处于等待就业状态的一种社会现象,失业保险是国家和社会为保证劳动者在等待重新就业期间的基本生活而给予物质帮助的一种社会保险制度。

案例分析

唐某受聘在一家超市当营业员,期间,她与超市签过两份合同。之后该超市以违反劳动纪律为由辞退了唐某。唐某这才发现,公司以事先有约定为由,没有为自己办理基本养老保险和失业保险,也没有缴纳相应的费用。请分析超市的这一做法对吗?

(4)医疗保险。医疗保险是为了分担疾病风险带来的经济损失如医疗费用等而设立的一种社会保险制度。它是有国家立法以强制性的原则筹集建立的医疗保险基金。

(5)生育保险。生育保险是通过国家立法,为了维护企业女职工的合法权益,保障女职工在生育期间得到必要的经济补偿和医疗保健所建立的一种社会保险制度。

思 考 题

一、名词解释

1. 经济法	2. 企业	3. 公司
4. 产品	5. 不正当竞争	6. 消费者
7. 税收	8. 增值税	9. 所得税
10. 劳动法		

二、简述题

1. 简述经济法的基本原则。
2. 简述企业的特征。
3. 简述公司的设立条件。
4. 简述有限责任公司与股份公司的异同。
5. 简述生产者的产品责任和义务。
6. 简述不正当竞争行为的种类。
7. 简述消费者的具体权益。
8. 简述我国税收的特征。
9. 简述劳动者的基本权利和义务。
10. 简述劳动合同的特征。

第七章　行政法基本知识

1. 了解行政法的概念、特征、分类和作用，掌握行政法的基本原则；

2. 掌握行政法律关系的构成要素；

3. 了解行政诉讼的概念、特征，掌握行政诉讼的特有原则；

4. 掌握国家赔偿责任的构成要件，了解国家赔偿的方式和计算标准。

第一节　行政法概述

一、行政法的概念、特征和分类

1. 行政法的概念

行政法意义上的行政是指国家行政机关和国家授权的组织依法对国家和社会公共事务进行决策、组织、领导和调控的活动。

行政法是关于行政的法，是调整围绕行政活动而形成的各种社会关系，配置并控制行政权，确认和保护公民合法权益的各种法律规范的总和。从行政法调整的对象来看，行政法调整的社会关系(行政关系)包括三个方面：

(1)行政权配置过程中的社会关系。如行政机关之间的行政职能的分工，各类行政主体权限、职责的确定及其相互之间的配合等社会关系。

(2)行使行政权过程中形成的各种社会关系。如行政主体与行政相对人之间，行政机关之间，行政机关与公务员之间等社会关系。

(3)监督行政权行使而产生的各种社会关系。如各级权力机关对相应行政主体的监督，司法机关对行政主体的监督，人民群众、社会团体对行政主体的监督以及行政救济等社会关系。

从内容上来看，行政法包括：配置行政权、规范行使行政权的程序、规定对行政权的监督、确认和保障公民的合法权益。如确认公民对行政的知情权、参与权、听证权、救济权等。

从法律体系来看，行政法是宪法之下的一部重要部门法。与民法、刑法、经济法一样是宪法下的重要部门法。

2. 行政法的特征

行政法的本质特征是控制和规范行政权的法律。具有三个方面特征：

(1)行政法无统一、完整的法典。由于行政关系复杂繁多,不可能像刑法、民法等部门法那样制定一部比较全面系统的行政法典或者制定一个统一概括的行政规范性法律文件。行政法是由许多个单行的法律、法规和规章以及其他规范性法律文件构成的。

(2)行政法形式广泛、数量众多且富于变化性。

(3)行政法是实体性规范与程序性规范共存于一个法律文件中。

3. 行政法的分类

行政法有一般行政法和特别行政法之分。

(1)一般行政法是指对一般的行政关系加以调整的法律规范的总称。它规范和调整国家行政机关的组织、任务、职权范围和活动方式,国家管理活动的任务、原则、方式和方法,国家行政管理人员的地位、相互关系、职权和职责,社会组织和公民个人在行政关系中的地位、权利和义务等。如行政组织法、公务员法、行政处罚法、行政复议法、行政程序法等。

(2)特别行政法是指针对特别的行政关系加以调整的法律规范的总称。它规范和调整各个行政职能部门的行政关系,其中包括公安行政法、体育行政法、教育行政法、民政行政法、卫生行政法、交通行政法等。

二、行政法的作用和原则

1. 行政法的作用

依法治国呼唤行政法,在依法治国中,行政法是重心所在,离开行政法,依法治国将变成一句空话;与此同时,行政法又推动依法治国的进程。

行政法的作用主要表现在以下五个方面：

(1)保障公民自由与权利的实现。现代社会中,公民的权利不再局限于公民的人身权、财产权、政治权,还包括公民的经济自治权、环境权、行政参与权、发展权等。如行政法要求建立行政公开制度来确保公民对行政的了解与参与。

(2)合理配置行政权、保障行政权的统一和高效。现代社会的国家行政事务内容广泛、情况复杂多变,只有合理地在行政机关之间配置行政权、规定完整的行政程序,才能避免有些事务行政机关争着管,而有些事务行政机关避而不管,从而保障行使行政权的效率。

(3)规范、控制行政权,保障公民的合法权益不受侵犯。行政权的行使必须依赖于人,而人性自身具有弱点,掌握行政权的人就有可能滥用或误用行政权,行政法很大程度上就是对滥用和误用行政权起一个控制和监督作用。如行政程序制度就是对行政权的行使起监督和控制作用。正是从这个意义上,有人把行政法叫做“控权法”。

(4)促进市场经济的建立与完善。行政法对促进市场经济的作用体现在:一方面,确认公民的各种经济权利,建立公平竞争的规则,维护市场运行秩序;另一方面,通过对行政权的配置和规范行政权的运作程序来排除行政对市场的违法干预,保障按市场经济的规律与要求来办事。

(5)保障社会的稳定与发展,促进社会的民主与法治。行政法确保营造一个平等、自由、良好秩序和社会责任的社会环境,促进社会的稳定与发展,促进社会的民主法治进程。

2. 行政法的基本原则

行政法的基本原则是行政法的精髓,贯穿于行政立法、行政执法、行政司法和行政法制监督之中,是指导行政法的制定、修改、废除并指导行政法实施的基本准则。根据我国的行政法发展状况,应当特别强调以下两项行政法的基本原则。

(1)依法行政原则。依法行政原则,即行政机关必须依法行使行政权。该原则具体又可分为4项子原则:

一是法律优先原则。指法律位阶高于行政法规、行政规章和行政命令,一切行政法规、行政规章和行政命令不得与法律相抵触。

二是法律保留原则。指立法法第8条所规定的事项只能由法律规定。又分绝对保留和相对保留。前者如有关犯罪和刑罚、对公民政治权利的剥夺和限制公民人身自由的强制措施和处罚、司法制度等事项,必须由法律规定,不得授权行政机关作出规定;后者如立法法第8条规定的其他事项,全国人民代表大会及其常委会可以授权国务院先制定行政法规。

三是职权法定原则。指行政机关的任何职权的取得和行使,都必须依据法律规定,否则不得行使。

四是责任政府原则。指行政机关和国家公务员违法行政必须承担法律责任。既包括行政机关的行政行为被撤销、变更的责任和行政赔偿责任等,也包括国家公务员因违法而应承担的行政处分责任和引咎辞职责任等。

(2)合理行政原则。合理行政原则,即行政机关作出的行政行为内容要客观、适度、合理性。这是基于行政自由裁量权的存在和扩大而产生的。自由裁量权是指行政机关的自行决定权,即对具体行政行为的方式、范围、种类、幅度等的选择权。无论行政裁量权的滥用或行政裁量显失公正,都是对行政法治的破坏。因此,我们既要承

认自由裁量权,又应当加强对自由裁量权的控制。合理行政包括三个方面的含义:

一是行政主体不仅要依法享有自由裁量权,还必须是在自由裁量行政范围内行使,否则就构成越权违法行政。

二是行使自由裁量权必须依据一定的法律解释、党和国家的政策、客观标准、道德准则等,在合理裁量范围内行使。

三是严重违反合理性的行政行为构成滥用职权,行政行为人要承担相应的法律责任。合理行政原则是对依法行政原则的进一步要求。

三、行政法律关系

1. 行政法律关系的概念

行政法律关系是指为行政法所调整和规定的,具有行政法上权利与义务内容的各种社会关系。

行政法律关系与行政关系是两个既互相紧密联系又有区别的概念。二者的主要区别在于:行政法律关系是行政关系的法律表现形式,行政关系是行政法律关系的实体内容;行政关系是行政法的调整对象,而行政法律关系是行政法对行政关系调整后的结果;行政关系在内容范围上要比行政法律关系更为广泛;行政关系往往先于行政法律关系而存在。

2. 行政法律关系的构成要素

行政法律关系由行政法律关系的主体、客体、内容三要素构成。

(1)行政法律关系主体。又称行政法主体,指行政法权利(职权)、义务(职责)的承担者。行政法律关系的主体由行政主体和行政相对人构成。行政主体是依法行使行政职权并对其后果承担责任的国家行政机关和法律法规授权的组织。与行政主体对应的行政相对人可以是我国公民、法人和其他组织,也可以是在我国境内的外国组织、外国人及无国籍人。

(2)行政法律关系客体。指行政法律关系参加者的权利、义务所指向的对象。行政法律关系客体的范围十分广泛,但可概括为如下三种:

一是物。指一定的物质财富,如土地、房屋、森林、交通工具等。

二是智力成果。指一定形式的智力成果,如著作、专利、发明等。

三是行为。指行政法律关系主体为一定目的的有意识的活动,如纳税、征地、交通肇事、打架斗殴等。行为包括作为和不作为。

(3)行政法律关系的内容。指主体在该关系中所享受的权利和承担的义务。其表现形式为行政主体的职权、职责以及行政相对人的权利和义务。公民在行政法上的主要权利有自由权、平等权、参加国家管理权、了解权、保护隐私权、请求权、建议权、举报权、控告权、批评权、申诉权等；主要义务则有遵守宪法、法律、法规，服从行政命令，协助行政管理等。

3. 行政法律关系的特征

(1)行政法律关系主体中，行政主体一方具有恒定性。这是主体上的特征。也就是说，无论是哪种类型的行政法律关系，在双方主体中其中必有一方是行政主体。

(2)行政法律关系主体中双方的权利和义务具有不对等性。这是内容上的特征，也是与民事法律关系相比最显著的一个特征。如国家税务管理部门对纳税义务人具有征收税款的权利和义务，而纳税义务人则只有依法缴纳税款的义务。

(3)行政法律关系中国家权利具有不可处分性。国家行政机关不能随意处分国家配置的行政权，如放弃、转让等。行使国家行政权既是国家机关的权力(职权)，又是国家机关的义务(职责)。如果国家机关放弃某项行政权就是一种失职行为，同样要受到法律的制裁。

(4)行政法律关系中个体权利行使的有限性。如公民的人身权利不受他人侵害，但对行政主体而言，只能是不受非法侵害。如机场安全检查，行政主体可以对乘客进行强制性人身检查，而在公民之间，这是绝对违法的行为。

第二节　行政诉讼与国家赔偿

一、行政诉讼

1. 行政诉讼的概念和基本特征

我国行政诉讼法第 2 条规定，我国的行政诉讼是指公民、法人或其他组织认为行政机关和行政机关工作人员的具体行政行为侵犯其合法权益，依照行政诉讼法的规定向人民法院提起诉讼，并由人民法院依法审理的活动。

小知识

解决行政争议除行政诉讼外，还有行政复议。所谓行政复议是指上级机关或法律、法规规定的行政机关对下级行政机关的具体行政行为是否合法和是否适当作出裁决的制度。

行政诉讼具有以下特征：

(1)行政诉讼的原告是公民、法人或其他组织。这里的公民、法人或其他组织，均是行政机关具体行政行为的相对人。作为原告的法人可以是企事业单位和社会团体,也可以是行政机关和其他国家机关,但作为实施具体行政行为的行政机关是没有资格做原告的。如某行政机关建造办公用房,城市规划部门以其违章为由对其予以罚款,被罚款的行政机关因不服作为原告向人民法院起诉,这里的城市规划部门就无权作为原告。

(2)行政诉讼的被告必须是行政机关。这里的行政机关既包括作出具体行政行为的行政机关,也包括作出行政复议决定的行政机关。

(3)行政诉讼必须是因公民、法人或其他组织认为行政机关和行政机关工作人员的具体行政行为侵犯其合法权益而提起的。

(4)行政诉讼必须向人民法院提起。

(5)行政诉讼必须依据行政诉讼法的规定进行。具体表现在以下几个方面:

一是,提起行政诉讼的案件必须是法律、法规明文规定当事人可以向人民法院起诉的行政案件;

二是,行政诉讼必须是在法律、法规规定的期限内向人民法院起诉;

三是,行政诉讼案件必须依法向有管辖权的人民法院提起;

四是,行政诉讼必须严格按照法律规定的审查标准和诉讼程序进行。

《中华人民共和国行政诉讼法》于1989年4月4日由第七届全国人民代表大会第二次会议通过,于1990年10月1日起施行。由于行政诉讼主要是由公民向行政机关提起,所以人们把这部法律称为“民告官的法律”。

2.行政诉讼的特有原则

(1)人民法院特定主管原则。所谓特定主管,一是指人民法院只主管法律规定由法院主管的那一部分行政案件,法律没有规定的则不予受理;二是指法律规定由人民法院主管的行政案件,只要依法起诉,人民法院就必须受理。

(2)审查具体行政行为的合法性原则。这项原则包括两项含义:一是行政诉讼中人民法院只审查具体行政行为,不审查抽象行政行为;二是行政诉讼中人民法院一般只审查具体行政行为的合法性,而不审查具体行政行为的合理性。

(3)被告对作出的具体行政行为负举证责任原则。这是行政诉讼不同于其他诉讼,特别是不同于民事诉讼的特殊举证原则。之所以这样规定,是因为:

第一,在行政法律关系中,具体行政行为是行政机关单方面的主张和决定。作出具体行政行为的过程,实际上是行政机关收集、运用证据并适用法律的过程。因此,行政机关对自己作出的具体行政行为的事实和法律根据最清楚,由它举证也就最为必要和可能。

第二,由于行政机关作出具体行政行为是单方面的主张和决定,相对人往往不清楚其作出的具体行政行为所依据的事实和法律，处于被动地位。在这种情况下，原告提起诉讼，虽然在特定情况下也要提供所主张的事实依据，但不能因为原告提供的证据不充分而像民事诉讼那样败诉；只有行政机关提供了证明其作出的具体行政行为的主要证据充分，适用法律、法规正确时，原告才会败诉。相反，如果被告无法证明其行为的正确性，或提供的主要证据不足，或适用法律、法规错误等，被告所作出的具体行政行为就会因此被撤销。

(4)行政诉讼期间不停止执行原则。这一原则是指行政机关作出的具体行政行为不因相对人提起诉讼而停止执行。

(5)不适用调解原则。人民法院审理行政案件之所以不适用调解，是因为行政机关作出的具体行政行为的职权是法律授予的，不可转让、放弃或自由协商处理，否则就是违法。

(6)有限司法变更原则。这一原则是指在行政诉讼中，人民法院一般不享有司法变更权，只对被诉行政行为作出维持、撤销、确认的判决，或判决被告重新作出具体行政行为；只有在行政处罚显失公正的，才可以判决变更。

(7)解决行政争议的选择原则。这一原则是指相对人不服行政机关的具体行政行为，既可以先向行政复议机关申请复议，对复议不服的，再向人民法院起诉；也可以直接向人民法院提诉。也就是说，相对人认为哪种形式对自己有利，就可以选择哪种形式来维护自己的合法权益。

3. 行政诉讼的受案范围

行政诉讼的受案范围，是指人民法院对行政机关的哪些行政行为拥有司法审查权。我国行政诉讼法第 11 条明确规定了人民法院受理以下行政案件：

(1)不服拘留、罚款、吊销许可证和执照、责令停产停业、没收财产等行政处罚的行政案件。

(2)不服限制人身自由或者查封、扣押、冻结财产等行政强制措施的行政案件。

(3)认为行政机关侵犯法律规定的经营自主权的行政案件。

(4)认为符合法定条件申请行政机关颁发许可证和执照，行政机关拒绝颁发或者不予答复的行政案件。

(5)申请行政机关履行保护人身权、财产权的法定职责，行政机关拒绝履行或者不予答复的行政案件。

(6)认为行政机关没有依法发给抚恤金或最低生活费的行政案件。

(7)认为行政机关违法要求履行义务的行政案件。

(8)认为行政机关侵犯其他人身权、财产权的行政案件。

(9)单行法律、法规规定的可以提起诉讼的其他行政案件。

小知识

《中华人民共和国行政诉讼法》第 12 条规定,人民法院不受理公民、法人和其他组织对下列事项提起的诉讼:一是国防、外交等国家行为引起的行政案件;二是控告行政机关抽象行政行为的行政案件;三是行政机关工作人员不服行政机关的奖惩、任免等决定的行政案件;四是法律规定由行政机关最终裁决的具体行政行为的行政案件。

二、国家赔偿

1. 国家赔偿责任的构成要件

国家赔偿是指国家机关及其工作人员因违法行使职权侵犯公民、法人和其他组织的合法权益造成损害的,由国家机关承担赔偿责任。

一般情况下,构成国家赔偿责任必须具备损害事实、违法行为、因果关系、法律规定这四个构成要件。它们缺一不可,否则便不能承担国家赔偿责任。

(1)损害事实的客观存在。损害事实的客观存在,是国家赔偿法律关系赖以发生的根据,无损害即无赔偿。这个损害必须是已经发生的和在现实中存在的,并且是对受法律保护的权益的损害。

(2)行为的违法性。构成国家赔偿责任的行为,必须是违反法律的行为,这时包括作为和不作为两种形式的违法行为。作为的违法行为是指法律禁止而国家机关工作人员在执行职务时实施了的行为;不作为的违法行为是指国家机关工作人员应当履行而没有履行法律规定的职责。

(3)违法行为与损害事实之间的因果关系。在国家赔偿法律关系中,违法行为引起损害事实,这种引起与被引起的客观联系,就是违法行为与损害事实之间的因果关系。

(4)国家赔偿责任必须有法律规定。法律规定是国家赔偿的法律依据。国家赔偿法规定,公民、法人或者其他组织的合法权益受到国家机关或者国家机关工作人员违法行使职权侵犯造成损害的,有权请求赔偿。也就是说,法律只规定行为人因违法行使职权行为给相对人的合法权益造成损害的,才承担国家赔偿责任。国家机关制定法律、法规、规章以及其他规范性文件的行为、民事行为、国家机关工作人员的非职务行为等给相对人合法权益造成损害的,只能构成其他损害赔偿责任,而不能构成国家赔偿责任。

小知识

国家赔偿法规定国家赔偿有行政赔偿和刑事赔偿两类。其中行政赔偿范围包括行政机关侵犯人身权的行政赔偿和侵犯财产权的行政赔偿;刑事赔偿包括行使侦查、检察、审判、监狱管理职能的国家机关及其工作人员侵犯人身权的刑事赔偿和侵犯财产权的刑事赔偿。

2. 国家赔偿的方式

国家赔偿法第 25 条和第 30 条规定,国家赔偿以支付赔偿金为主要方式;能够返还财产或者恢复原状的,予以返还财产或者恢复原状。此外,行政赔偿义务机关对依法确认有违法拘留或者违法采取限制公民人身自由的行政强制措施的,以及非法拘禁或者以其他方式非法剥夺公民人身自由的;刑事赔偿义务机关对没有犯罪事实或者没有事实证明有犯罪重大嫌疑的人错误拘留的,对没有犯罪事实的人错误逮捕的,以及依照审判监督程序再审改判无罪,原判刑罚已经执行的;如果造成了受害人的名誉权、荣誉权损害,应当在侵权行为影响的范围内,为受害人消除影响,恢复名誉,赔礼道歉。

3. 国家赔偿的计算标准

(1)侵犯公民人身自由的赔偿计算标准。国家赔偿法第 26 条规定,侵犯公民人身自由的,每日的赔偿金按照国家上年度职工日平均工资计算。根据最高人民法院《关于贯彻执行〈中华人民共和国国家赔偿法〉几个问题的解释》第 6 条规定,这里所规定的"上年度",应当指赔偿义务机关、复议机关或者人民法院赔偿委员会作出赔偿决定时的上年度,复议机关或者人民法院赔偿委员会维持原赔偿决定的,按作出原赔偿决定时的上年度执行。国家上年度职工的平均工资数额,应当以职工年平均工资除以全年法定工作日数的方法计算。年平均工资以国家统计局公布的数字为准。

(2)侵犯公民生命健康权的赔偿计算标准。国家赔偿法第 29 条规定,国家机关侵犯公民生命健康权的,赔偿金按下列规定计算:

一是造成公民身体伤害的,应当支付医疗费,以及赔偿因误工减少的收入。减少的收入,每日的赔偿金按照国家上年度职工的日平均工资计算,最高额为国家上年度职工平均工资的 5 倍。

二是造成公民部分或者全部丧失劳动能力的,应当支付医疗费,以及残疾赔偿金。残疾赔偿金根据丧失劳动力的程序确定:部分丧失劳动能力的,最高赔偿额为国家上年度职工年平均工资的 10 倍;全部丧失劳动能力的,为国家上年度职工年平均工资的 20 倍。造成全部丧失劳动能力的,对其抚养的无劳动能力的人,还应支付生活费。

三是造成公民死亡的,应当支付死亡赔偿金、丧葬费,总额为国家上年度职工年平均工资的 20 倍。对死者生前被抚养(或抚养)的无劳动能力的人,应当支付生活费。生活费的发放标准参照当地民政部门有关生活救济的规定办理。被抚养人是未成年人的,生活费给付至 18 周岁为止;其他无劳动能力的被抚养(或抚养)人的生活费给付至死亡为止。

(3)侵犯财产权造成损害的赔偿计算标准。根据国家赔偿法第28条规定,对侵犯公民、法人和其他组织的财产权造成损害的赔偿,是以赔偿直接损失为原则。所谓直接损失,是指侵权行为直接造成的已经发生的实际损失。具体赔偿标准如下:

一是处罚款、追缴、没收财物或违反国家规定征收财物、摊派费用的,返还财产。

二是查封、扣押、冻结财产的,解除对财产的查封、扣押、冻结;造成财产损坏或灭失的,能够恢复原状的恢复原状,不能恢复原状的按照损害程度给付相应的赔偿金;应当返还的财产灭失的,给付相应的赔偿金。

三是财产已经拍卖的,给付拍卖所得的价款。

四是吊销许可证和执照、责令停产停业的,赔偿停产停业期间必要的经常性的费用支出。

小知识

国家赔偿法第32条规定,赔偿请求人请求国家赔偿的时效为2年,自国家机关及其工作人员行使职权的行为被依法确定为违法之日起计算,但被羁押期间不计算在内。赔偿请求人在赔偿请求时效的最后6个月内,因不可抗力或者其他障碍不能行使请求权的,时效中止。从中止时效的原因消除之日起,赔偿请求时效继续计算。

思考题

一、名词解释

1. 行政法　　2. 行政法律关系　　3. 行政诉讼　　4. 国家赔偿

二、简述题

1. 简述行政法的特征。

2. 简述行政法的基本原则。

3. 简述行政法律关系的构成要素。

4. 简述行政法律关系的特点。

5. 简述行政诉讼的特有原则。

6. 简述国家赔偿的构成要件。

三、案例分析

王某在禁止停车的地点停放机动车,被交警当场处罚200元,王某不服,提起行政诉讼,认为交警无权对他当场作出200元的处罚。如果你是本案主审法官,你会怎样审判?

提示:根据《中华人民共和国行政处罚法》的规定,交警对个人作出当场处罚的罚款限额只能是50元;而根据《中华人民共和国道路交通安全法》的规定,交警可以当场作出200元罚款的处罚。

第八章　公路法与道路交通安全法基本知识

教学要求

1. 了解公路的概念与公路的分类；
2. 了解公路的建设与管理；
3. 了解违反公路法应承担的法律责任；
4. 了解道路交通安全法中的基本用语；
5. 掌握交通事故的构成要件；
6. 掌握违反道路通行规定的法律责任。

第一节　公路法基本知识

一、公路与公路法概述

1. 公路的概念

公路是指连接城市、乡村和工矿基地之间，主要供汽车行驶并具备一定技术标准和设施的道路，包括公路桥梁、公路隧道和公路渡口。

小知识

公路是以其公共交通之路得名，在中国古文中没有“公路”一词；外国人叫“公路”为 highway。古埃及人为建造金字塔而建设的路应是世界上最早的公路。公元前五百年左右，波斯帝国大道贯通了东西方，并连接起通往中国的大道，形成了世界上最早、最长的丝绸之路，这可算是2500 年前最伟大的公路了。古罗马帝国的公路曾经显赫一时，它以罗马为中心，向四外呈放射形修建了 29 条公路，号称世界无双，所以产生了人们至今还沿用的外国俗语——“条条道路通罗马”。中国自古有驿站驿路，但是真正较先进的公路是清朝光绪年间铺设的广西龙州至镇南关的公路。

公路与道路的概念不同，道路是供车辆和行人通行的工程设施，按其使用特点分为城市道路、公路、厂矿道路、林区道路及乡村道路等，也就是说公路不包含城市道路。

2. 公路的分类

(1)按行政等级划分。公路按行政等级可分为:国家公路、省公路、县公路和乡公路(简称为国、省、乡道)以及专用公路五个等级。一般把国道和省道称为干线,县道和乡道称为支线。

国道是指具有全国性政治、经济意义的主要干线公路,包括重要的国际公路,国防公路、连接首都与各省、自治区、直辖市首府的公路,连接各大经济中心、港站枢纽、商品生产基地和战略要地的公路。国道中跨省的高速公路由交通部批准的专门机构负责修建、养护和管理。

省道是指具有全省(自治区、直辖市)政治、经济意义,并由省(自治区、直辖市)公路主管部门负责修建、养护和管理的公路干线。

县道是指具有全县(县级市)政治、经济意义,连接县城和县内主要乡(镇)、主要商品生产和集散地的公路,以及不属于国道、省道的县际间公路。县道由县、市公路主管部门负责修建、养护和管理。

乡道是指主要为乡(镇)村经济、文化、行政服务的公路,以及不属于县道以上公路的乡与乡之间及乡与外部联络的公路。乡道由人民政府负责修建、养护和管理。

专用公路是指专供或主要供厂矿、林区、农场、油田、旅游区、军事要地等与外部联系的公路。专用公路由专用单位负责修建、养护和管理。也可委托当地公路部门修建、养护和管理。

(2)按使用任务、功能和适应的交通量划分。根据我国现行的《公路工程技术标准》,公路按使用任务、功能和适应的交通量分为高速公路、一级公路、二级公路、三级公路、四级公路五个等级:

①高速公路,为专供汽车分向分车道行驶并应全部控制出入的多车道公路。

四车道高速公路应能适应将各种汽车折合成小客车的年平均日交通量25000 ~ 55000 辆。

六车道高速公路应能适应将各种汽车折合成小客车的年平均日交通量45000 ~ 80000 辆。

八车道高速公路应能适应将各种汽车折合成小客车的年平均日交通量60000 ~ 100000 辆。

②一级公路,为供汽车分向分车道行驶并可根据需要控制出入的多车道公路。

四车道一级公路应能适应将各种汽车折合成小客车的年平均日交通量15000 ~ 30000 辆。

六车道一级公路应能适应将各种汽车折合成小客车的年平均日交通量25000～55000辆。

③二级公路，为供汽车行驶的双车道公路。

一般能适应每昼夜3000～7500辆中型载货汽车交通量。

④三级公路，为主要供汽车行驶的双车道公路。

一般能适应每昼夜1000～4000辆中型载货汽车交通量。

⑤四级公路，为主要供汽车行驶的双车道或单车道公路。

双车道四级公路能适应每昼夜中型载货汽车交通量1500辆以下。

单车道四级公路能适应每昼夜中型载货汽车交通量200辆以下。

中国的第一条高速公路——沪嘉高速公路。上海至嘉定高速公路是我国第一条按高速公路工程技术标准设计、施工的高等级公路工程，1984年12月开工建设，1988年10月建成通车，全长18.5公里。全路设计行车时速120公里，双向4车道，中央分隔带宽3米，全封闭，全立交，沿线建有大型互通式立交桥3座，设有完整的交通标志、标线和交通监控系统。沪嘉高速公路的建成，结束了我国大陆没有高速公路的历史，对其他地区高速公路的建设起到推动、示范作用。至2006年年底，我国高速公路总里程达4.1万公里，稳居世界第二。

3. 公路法概述

《中华人民共和国公路法》是1997年7月3日第八届全国人民代表大会常务委员会第二十六次会议通过，于1998年1月1日起施行的。整部法律共分九章87条。制定公路法的目的是为了加强公路的建设和管理，促进公路事业的发展，适应社会主义现代化建设和人民生活的需要。公路发展的原则是全面规划、合理布局、确保质量、保障畅通、保护环境、建设改造与养护并重。在中华人民共和国境内从事公路的规划、建设、养护、经营、使用和管理，适用本法。

二、公路的建设与管理

1. 公路建设

《中华人民共和国公路法》规定，公路建设应当按照国家规定的基本建设程序和有关规定进行。公路建设单位应当根据公路建设工程的特点和技术要求，选择具有相应资格的勘查设计单位、施工单位和工程监理单位，并依照有关法律、法规、规章的规定和现行公路工程技术标准的要求，分别签订合同，明确双方的权利和义务。承担公路建设项目的可行性研究单位、勘查设计单位、施工单位和工程监理单位，必须持有国家规定的资质证书。公路建设项目的施工，须按国务院交通主管部门的规定报请县级以上地方人民政府交通主管部门批准。承担公路建设项目的设计单位、施工单位和工程监理单位,应当按照国家有关规定建立健全质量保证体系,落实岗位责任制,并依照有关法律、法规、规章以及现行《公路工程技术标准》的要求和合同约定进行设计、施工和监理,保证公路工程质量。公路建设项目的设计和施工,应当符合依法保护环境、保护文物古迹和防止水土流失的要求。公路建设项目和公路修复项目竣工后,应当按照国家有关规定进行验收;未经验收或者验收不合格的,不得交付使用。建成的公路,应当按照国务院交通主管部门的规定设置明显的标志、标线。县级以上地方人民政府应当确定公路两侧边沟(截水沟、坡脚护坡道,下同)外缘起不少于一米的公路用地。

2. 公路养护与管理

《中华人民共和国公路法》第 35 规定,公路管理机构应当按照国务院交通主管部门规定的技术规范和操作规程对公路进行养护,保证公路经常处于良好的技术状态。第 40 条规定,因严重自然灾害致使国道、省道交通中断,公路管理机构应当及时修复;公路管理机构难以及时修复时,县级以上地方人民政府应当及时组织当地机关、团体、企业事业单位、城乡居民进行抢修,并可以请求当地驻军支援,尽快恢复交通。第 42 条规定,公路绿化工作,由公路管理机构按照现行《公路工程技术标准》组织实施。公路用地上的树木,不得任意砍伐;需要更新砍伐的,应当经县级以上地方人民政府交通主管部门同意后,依照《中华人民共和国森林法》的规定办理审批手续,并完成更新补种任务。

第 44 条规定,任何单位和个人不得擅自占用、挖掘公路。因修建铁路、机场、电站、通信设施、水利工程和进行其他建设工程需要占用、挖掘公路或者使公路改线的,建设单位应当事先征得有关交通主管部门的同意;影响交通安全的,须征得有关公安机关的同意。占用、挖掘公路或者使公路改线的,建设单位应当按照不低于该段公路原有的技术标准予以修复、改建或者给予相应的经济补偿。

第 45 条规定,跨越、穿越公路修建桥梁、渡槽或者架设、埋设管线等设施的,以及在公路用地范围内架设、埋设管线、电缆等设施的,应当事先经有关交通部门同意,影响交通安全的,还须征得有关公安机关的同意;所修建、架设或者埋设的设施应当符合现行《公路工程技术标准》的要求。对公路造成损坏的,应当按照损坏程度给予补偿。

第 46 条规定,任何单位和个人不得在公路上及公路用地范围内摆摊设点、堆放物品、倾倒垃圾、设置障碍、挖沟引水、利用公路边沟排放污物或者进行其他损坏、污染公路和影响公路畅通的活动。

第48条规定，除农业机械因当地田间作业需要在公路上短距离行驶外，铁轮车、履带车和其他可能损害公路路面的机具，不得在公路上行驶。确需行驶的，必须经县级以上地方人民政府交通主管部门同意，采取有效的防护措施，并按照公安机关指定的时间、路线行驶。对公路造成损坏的，应当按照损坏程度给予补偿。

第52条规定，任何单位和个人不得损坏、擅自移动、涂改公路附属设施。

第53条规定，任何单位和个人未经县级以上地方人民政府交通主管部门批准，不得在公路用地范围内设置公路标志以外的其他标志。

三、法律责任

《中华人民共和国公路法》第74条规定，违反法律或者国务院有关规定，擅自在公路上设卡、收费的，由交通主管部门责令停止违法行为，没收违法所得，可以处违法所得三倍以下的罚款，没有违法所得的，可以处二万元以下的罚款；对负有直接责任的主管人员和其他直接责任人员，依法给予行政处分。

第76条规定，有下列违法行为之一的，由交通主管部门责令停止违法行为，可以处三万元以下的罚款：

(1)违反本法第44条第1款规定，擅自占用、挖掘公路的；

(2)违反本法第45条规定，未经同意或者未按照现行《公路工程技术标准》的要求修建桥梁、渡槽或者架设、埋设管线、电缆等设施的；

(3)违反本法第47条规定，从事危及公路安全的作业的；

(4)违反本法第48条规定，铁轮车、履带车和其他可能损害路面的机具擅自在公路上行驶的；

(5)违反本法第50条规定，车辆超限使用汽车渡船或者在公路上擅自超限行使的；

(6)违反本法第52条、第56条规定，损坏、移动、涂改公路附属设施或者损坏、挪动建筑控制区的标桩、界桩，可能危及公路安全的。

第84条规定，违反《中华人民共和国公路法》规定，构成犯罪的，依法追究刑事责任。

小知识

刑法第117条规定，破坏轨道、桥梁、隧道、公路、机场、航道、灯塔、标志或者进行其他破坏活动，致使火车、汽车、电车、船只、航空器发生倾覆、毁坏危险，尚未造成严重后果的，处三年以上十年以下有期徒刑。第119条规定，破坏交通工具、交通设施、电力设备、燃气设备、易燃易爆设备,造成严重后果的,处十年以上有期徒刑、无期徒刑或者死刑。

第二节 道路交通安全法基本知识

一、道路交通安全法的适用范围

道路交通安全法是用法律手段调整人、车、路的重要法律。人人遵守交通规则,人人服从交通管理,就会大大减少交通事故,提高通行能力。道路交通安全法第 2 条规定,中华人民共和国境内的车辆驾驶人、行人、乘车人以及与道路交通活动有关的单位和个人,都应当遵守本法。这就明确了道路交通安全法的适用范围。交通是指人们有意识地将身体或者其他物体在空间的转移活动。这种转移活动的方式很多,最常见的是步行,此外还有借助交通工具,如车辆、船只、飞行器等。我们一般所说的交通,是指人与货物的运送,有陆地、水上、空中交通,还有太空的交通。其中又以陆上交通为最多。《中华人民共和国道路交通安全法》并不适用于所有的交通活动,它只适用于在中国境内陆地上的,经由人的活动修筑的道路上的交通活动,涉及的对象有车辆驾驶人、行人、乘车人以及与道路交通活动有关的单位和个人。

(1)车辆驾驶人,也即我们通常说的驾驶员或司机。车辆驾驶人是车辆的操纵者,当其驾驶车辆行驶在道路上时,必须遵守道路交通安全法的规定;车辆驾驶人没有从事与驾驶车辆有关的活动,就不属于车辆驾驶人,如其走路,则是行人,如乘车,则是乘车人。

(2)行人,即是走路的人,但并不是所有走路的人都要受本法规范;只有走在道路上的行人,才要遵守本法的规定。本法第 119 条对道路下了定义,也即走在本法规定的道路上的人,是本法规定的行人,至于"走在田间的小路上",虽然也是行走的人,却不在本法的调整范围之内。

(3)乘车人,即自己本人不驾驶车辆,搭乘他人驾驶的车辆的人。

(4)与道路交通有关的单位和个人,这个范围比较宽,如运输单位、生产车辆的企业、车辆检测单位、道路交通管理单位等。

二、道路交通安全工作的原则

道路交通安全法第 3 条规定,道路交通安全工作,应当遵循依法管理、方便群众的原则,保障道路交通有序、安全、畅通。这一条规定明确了道路交通安全工作的管理原则和管理目的。由于城市道路建设与城市人口和车辆增长的不相适应，给道路交通安全工作带来很大困难，再加上道路交通安全工作本身存在的问题，如管理方法不够科学，交通管理设施比较落后，管理力量不足，特别是人们交通安全意识缺乏（如行人不走人行道，任意穿行道路，人不让车，车不让人，自行车与机动车抢道，在道路上进行体育活动，晾晒农作物等），极大地影响了道路安全和通行能力。因此，依法加强道路交通安全工作是非常必要的，这是依法行政的具体体现。依法管理，不仅要求被管理者服从法律，也要求管理者依法行政。只有依法管理才能保证管理的有效，才能使被管理者与管理者处于平等地位，才能真心接受管理。同时管理还要方便群众，这是道路交通安全管理的重要原则。依法管理和方便群众是统一的，管理的目的是为了使道路交通有序、安全、畅通。这就要求道路交通安全工作要与时俱进，在管理观念、管理方法、管理手段等方面，提高水平，寓管理于服务之中。

三、学校宣传道路交通安全法的责任

道路交通安全是全社会的事，全社会的事就要全社会共同参与。道路交通安全法制宣传教育是社会主义精神文明建设的基础工作，要努力提高全体公民的交通法治意识和文明意识。学校作为社会主义精神文明建设的主要阵地，更应在道路交通安全教育工作中发挥积极而重要的作用。因此，道路交通安全法第6条明确规定，教育行政部门、学校应将道路交通安全教育纳入法制教育的内容。学校应当通过形式多样的道路交通安全法制教育，强化广大学生的道路交通安全法治意识，帮助学生提高交通安全意识和自护能力，提高学生的交通安全自我防护能力和自觉遵纪守法意识。并要将交通法制教育渗透在学校有关课程中进行，积极取得公安机关交通管理部门的配合和支持，要针对青年的特点，开展较深层次的道路交通管理法制教育工作，有目的地组织团员青年参与志愿服务和开展有奖征文等丰富多彩的交通管理法制宣传教育活动，增强其文明骑车、走路、乘车的自觉性和遵守交通法规、维护交通秩序、营造良好交通环境的社会责任意识。

你有过闯红灯的经历吗？

道路交通安全法对行人通行有哪些规定?

四、道路交通安全法中的基本用语

(1)道路。道路交通安全法中所称道路,是指公路、城市道路和虽在单位管辖范围但允许社会机动车通行的地方,包括广场、公共停车场等用于公众通行的场所。

(2)车辆。道路交通安全法中所称车辆,是指机动车和非机动车。

(3)机动车。道路交通安全法中所称机动车,是指以动力装置驱动或者牵引,上道路行驶的供人员乘用或者用于运送物品以及进行工程专项作业的轮式车辆。

(4)非机动车。道路交通安全法中所称非机动车,是指以人力或者畜力驱动,上道路行驶的交通工具,以及虽有动力装置驱动但设计最高时速、空车质量、外形尺寸符合有关国家标准的残疾人机动轮椅车、电动自行车等交通工具。

(5)交通事故。道路交通安全法中所称交通事故,是指车辆在道路上因过错或意外造成人身伤亡或者财产损失的事件。

我国现行的道路交通标志和标线。

第三节　交通事故处理

一、交通事故概述

1. 交通事故的构成要件

从交通事故的概念中可以看出,构成交通事故应当具备以下要件:

(1)交通事故的主体是指车辆驾驶人员、行人、乘车人以及其他在道路上进行与交通有关活动的人员。

(2)交通事故必须是在道路上发生的。

(3)在交通事故中当事人必须有一方使用车辆,车辆包括机动车和非机动车。

(4)交通事故必须有人身伤亡、财产损失的后果。如果没有人员伤亡,也没有造成财产损失,则不属于交通事故。

(5)必须是因主观过错或者是意外,如果是主观故意,则不属于交通事故。

以上五个要件,是认定交通事故的必备条件。

2. 交通事故的分类

根据《公安部关于修订道路交通事故等级划分标准的通知》精神,按人身伤亡或者财产损失的程度和数额,交通事故分为轻微事故、一般事故、重大事故和特大事故。

(1)轻微事故,是指一次造成轻伤1至2人,或者财产损失机动车事故不足1000元,非机动车事故不足200元的事故。

(2)一般事故,是指一次造成重伤1至2人,或者轻伤3人以上,或者财产损失不足3万元的事故。

(3)重大事故,是指一次造成死亡1至2人,或者重伤3人以上10人以下,或者财产损失3万元以上不足6万元的事故。

(4)特大事故,是指一次造成死亡3人以上,或者重伤11人以上,或者死亡1人,同时重伤8人以上,或者死亡2人,同时重伤5人以上,或者财产损失6万元以上的事故。

二、交通事故的认定

1. 交通事故认定的概念

交通事故认定是指公安机关交通管理部门在查明交通事故责任后。在科学分析事故原因的基础上,根据交通事故现场勘验、检查、调查情况和有关的检验、鉴定结论,依照道路交通管理的法规和规章,衡量事故当事人的行为,对当事人的违法行为与事故之间的因果关系以及违法行为在交通事故中所起作用,作出的定性定量的结论,从而确定其所应承担责任的大小,作为处理交通事故的证据。

交通事故责任是公安机关交通管理部门对责任者进行教育、处罚和对损害赔偿进行调解的依据,也是交通事故责任者是否承担法律责任的依据。

交通事故责任不能直接等同于法律责任。它分析的对象是当事人的违法行为,研究的关系是违法行为与事故是否有因果关系,有多大程度的因果关系。在不同的交通事故案件中,责任大小与实际法律责任差距可能很大。

2. 构成交通事故责任的条件

构成交通事故责任必须同时具备以下三个条件:

(1)具有交通事故责任的主体。交通事故的主体,绝大多数是自然人,即通常所指的交通事故当事人,具有交通行为能力的自然人均可成为交通事故责任的主体。在个别情况下,法人也可以成为交通事故责任的主体。如因车辆原因和道路原因造成的交通事故,这时车辆制造部门和道路管理部门就成为交通事故责任的主体。

但责任主体不涉及当事人的责任年龄、责任能力。只要实施了与事故有因果关系的违法行为就是事故责任主体。如学龄前儿童、精神病患者就可能成为事故责任主体。但因其未达到法定责任年龄或法定的责任能力,根据有关法律规定是不受法律制裁的。至于其所承担的赔偿责任则由其监护人承担。因此责任主体和赔偿主体是两个不同的概念。

(2)交通事故责任主体必须有违法行为存在。交通违法行为,是指违反道路交通安全法或道路交通安全法实施条例和其他有关道路交通管理法规、规章的行为。

违法行为可以分为故意违法行为和过失违法行为。

故意违法行为是以积极的态度,实施了交通法规所禁止的某种行为,如酒后驾车、超速行驶等。这是一种明知可能发生危害的后果,而且放任这种后果发生的行为。

过失违法行为是以消极的态度,不积极履行交通法规所规定应尽义务的行为,它分为疏忽大意过失和过于自信过失。疏忽大意过失是一种因为疏忽大意致使应该预见而没有预见,并发生危害后果的行为。过于自信过失是已经预见到危险,因为自信能够避免,导致危害后果发生的行为。

是否有违法行为,是认定当事人事故责任的必要条件,交通事故当事人没有违法行为,不承担交通事故责任。

(3)违法行为和交通事故之间存在因果关系。违法行为和交通事故之间存在因果关系是构成交通事故责任的决定性要件。有违法行为只是构成事故的一个前提,但不能说凡是有违法行为就一定对事故负有责任,而应该看违法行为与事故有无内在的、必然的联系。只有那些与事故的发生有因果关系的违法行为,才能作为事故认定的依据。

3. 交通事故认定的原则

(1)依法定责原则。这是我国调整社会关系以法律为准绳的总原则在交通事故认定方面的具体体现。以法律为准绳就要求公安交通管理机关对于交通事故案件的办案手段及办案程序都要合法化。

(2)以事实为依据原则。客观事实是认定交通事故责任的基础。认定交通事故责任的事实就是交通事故发生的真实过程，造成交通事故的主、客观原因，人、车、路、环境等因素与交通事故之间的关系。这些事实主要是通过现场调查得出。

(3)分析因果关系原则。

(4)全面分析、综合评断原则。全面分析、综合评断是认定交通事故责任的工作方法原则。全面分析就是分析交通事故众多原因中的内在联系及其相关影响，防止片面性，从而找出决定事故发生的内在的、本质的、必然的因素。综合评断，就是严格按照构成交通事故责任的要件认定有无责任和责任大小。

案例分析

朋友酒后出车祸，同桌酒友要担责。

案由:2006年11月18日，原告孙某与被告张某、王某、李某在一起喝酒，因原告孙某平时不善饮酒，经不住三被告的猛烈劝酒，当四人喝完酒时，原告孙某已是左摇右晃，四人分别骑摩托车回家。在回家途中，原告孙某发生交通事故受伤，经住院治疗花去医疗费等共计8560元。经交警部门认定，原告孙某负事故的全部责任。原告认为，三被告在明知自己醉酒的情况下，应该对自己酒后的安全承担一定的责任，所以将三被告诉至法院，要求赔偿原告医疗费等共计8560元。

结果：法院认为原告孙某作为一具有完全行为能力的成年人，应当意识到酒后驾车的危险性，自身负有重大过错。而三被告过错仅在放任原告酒后驾车及未尽到一定的护助义务上，承担的仅是一种次要的过失责任，因此法院判定三被告赔偿原告医疗费的30%，共计2568元。

三、交通事故损害赔偿

1. 道路交通事故损害赔偿的依据

(1)机动车发生交通事故造成人身伤亡、财产损失的，由保险公司在机动车第三者责任强制保险责任限额范围内予以赔偿。超过责任限额的部分，按照下列方式承担赔偿责任：

第一，机动车之间发生交通事故的，由有过错的一方承担责任；双方都有过错的，按照各自过错的比例分担责任。

第二，机动车与非机动车驾驶人、行人之间发生交通事故的，由机动车一方承担责任。但是，有证据证明非机动车驾驶人、行人违反道路交通安全法律、法规，且机动车驾驶人已经采取必要处置措施的，减轻机动车一方的责任。交通事故的损失是由非机动车驾驶人、行人故意造成的，机动车一方不承担责任。

(2)未经批准，擅自挖掘道路、占用道路施工或者从事其他影响道路交通安全活动的，由道路主管部门责令停止违法行为，并恢复原状，可以依法给予罚款；致使通行的人员、车辆遭受损失的，依法承担赔偿责任。

(3)道路施工作业或者道路出现损毁，未及时设置警示标志、未采取防护措施，或者应当设置交通信号灯、交通标志、交通标线而没有设置或者应当及时变更交通信号灯、交通标志、交通标线而没有及时变更，致使通行的人员、车辆遭受损失的，负有相关职责的单位应当依法承担赔偿责任。

2. 交通事故损害赔偿的调解

交通事故损害赔偿调解是指公安机关事故处理部门的主持下，交通事故双方当事人（或代理人）本着自愿原则，协商解决交通事故损失赔偿的活动。公安机关依法进行的交通事故损害赔偿调解属于行政调解，不具备法律的强制力，当事人未达成协议或者达成协议后不履行的，公安机关无权强制，当事人应向人民法院提起民事诉讼。

3. 损害赔偿项目及标准

(1)医疗费。指治疗因交通事故所造成的创伤，是伤者身体复原所必需的医药和治疗费用，包括挂号费、检验费、手术费、治疗费、住院费和药费。

(2)误工费。指结案前交通事故伤者、残者和死者生前抢救治疗期间、参加事故处理期间因误工减少的收入。误工日期为实际误工日期，一般以医院出具的证明和单位证明为依据。误工费根据收入情况分两种赔偿标准：

一是，有固定收入的误工费，按照本人因误工减少的固定收入计算，对收入高于交通事故发生地平均生活费 3 倍的，按照 3 倍计算。

二是，无固定收入的误工费，按照交通事故发生地国有同行业的平均收入计算。即按交通事故发生地人民政府统计部门公布的该地上一年全民所有制各部门职工平均工资计算。

(3)住院伙食补助费。补助以住院期间为限，只要住院，不管其伤势如何，都应给付。住院伙食补助费按照交通事故发生地国家机关工作人员出差伙食补助标准计算。

(4)护理费。指交通事故伤者、残者、死者生前抢救治疗期间因伤势严重，生活不能自理，所需专门护理人员的费用。护理期限以结案前的住院期间为限。一般是指伤势严重、生活不能自理或医院要求护理的情况。护理人分有收入的和无收入的两种。有收入的，其护理费按照误工费的规定计算；无收入的，按照交通事故发生地平均生活费计算。伤者住院期间，伤势危重需 24 小时日夜护理的，护理人数最多不许超过 2 人，其他情况为 1 人。

(5)残疾者生活补助费。其补助标准根据伤残等级按照交通事故发生地平均生活费计算。赔偿自伤残等级评定结束作出评定书之当月起(含当月),即50岁以下的赔偿20年,50岁以上的,年龄每增加1岁,赔偿减少1年,最低不少于10年,70岁以上的按5年计算。

(6)残疾用具费。指因残疾造成全部或部分功能丧失,需要配置补偿功能的器具费用。是否需要配置以及配置何种残疾用具,要按医疗单位出具的证明材料,并经交通事故处理机关同意。赔偿的残疾用具按照普及型器具的费用计算。

(7)丧葬费。指料理交通事故死者丧葬事宜所需的费用,一般包括整容、存尸、运尸、火化、骨灰盒等必需的费用。

(8)死亡补偿费。指因交通事故死亡,对死者家属的抚恤金或者对死者家属遭受损失的补偿金。死亡补偿按照交通事故发生地平均生活费计算。即16周岁以上70周岁以下的,补偿10年;不满16周岁的,年龄每小1岁减1年;对70岁以上的,年龄每增加1岁减少1年,但最低不少于5年。

(9)被抚养人生活费。指死者生前或者残者丧失劳动能力前实际抚养的、没有其他生活来源的人的生活费用。残者丧失劳动能力以第5级残疾以上(含第5级)为限。实际抚养、没有其他生活来源的人是指死者或者残者丧失劳动能力前已经在抚养的、无收入的被抚养人,包括配偶、子女(含非婚生子女、继子女、养子女)、父母、兄弟姐妹、祖父母、外祖父母、孙子女、外孙子女等。这些人可能多人共同抚养,死者或者丧失劳动能力的残者只承担本人应抚养的那部分费用。

被抚养人生活费按照交通事故发生地居民生活困难补助标准计算。对不满16周岁的人抚养至16周岁。对完全丧失劳动能力、无法获取生活保障的被抚养人,即"无劳动能力"的人,抚养20年;但20周岁以上的,年龄每增加1岁减少1年,最低不少于10年;70周岁以上的按5年计算。对其他被抚养人的补助标准,也按5年计算。

(10)交通费。指伤、残者就医、配制残疾用具、护理伤残者、参加事故处理等的车、船、飞机票费。这些费用是与交通事故处理有关,并且合理的费用。

(11)住宿费。指伤、残者到外地就医、配制残疾用具、参加事故处理等需要住宿的费用,住亲属家的除外。住宿费按交通事故发生地国家机关工作售货员的出差住宿标准计算,凭据支付。参加处理交通事故的当事人亲属所需交通费、误工费、住宿费,按照当事人的交通事故责任分担,但计算费用的人数不得超过3人。

(12)财产直接损失费。因交通事故损坏的车辆、物品、设施等,应当修复,不能修复的折价赔偿。牲畜因伤失去价值或者死亡的,折价赔偿。

第四节 法律责任

一、道路交通安全违法处罚的种类

对道路交通安全违法行为的处罚种类包括：警告、罚款、暂扣或者吊销驾驶证、拘留。对于情况轻微、未影响道路通行的，指出违法行为，给予口头警告后放行。

二、违反道路通行规定的法律责任

1. 行人、乘车人、非机动车驾驶人违反道路通行规定的法律责任

行人、乘车人、非机动车驾驶人违反交通安全法律、法规关于道路通行规定的，处警告或者5元以上50元以下罚款；非机动车驾驶人拒绝接受罚款处罚的，可以扣留其非机动车。

行人违反通行规定的行为主要有：在机动车或者非机动车道内行走；不遵守交通信号灯的指挥；在没有交通信号灯控制的人行横道不顾车辆追逐、猛跑；穿越、倚坐道路护栏；不遵守铁路道口有关规定；在道路上扒车、追车、强行拦车或者抛物击车等。

非机动车驾驶人的道路通行违法行为主要有：违反右侧通行的原则；驾驶需要登记而没有登记的非机动车在道路上行驶；驾驶安全机件不全或者说无效的非机动车在道路上行驶；醉酒后驾驶非机动车在道路上通行；违反非机动车的装载规定上道路通行；违反会车规定；违反转弯规定和超车规定；驾驶三轮车并行、滑行或者曲线行进；使用未经驯服的牲畜驾车等。

2. 机动车驾驶人违反道路交通安全法律、法规关于道路通行规定的法律责任

道路交通安全法第19条规定：机动车驾驶人违反道路交通安全法律、法规关于道路通行规定的，处警告或者20元以上200元以下罚款。本法另有规定的，依照规定处罚。

机动车违反道路通行规定的情况非常复杂，比较突出的违法行为有酒后驾驶机动车、疲劳驾驶机动车、超速行驶、逆向行驶、违法超车、违法会车、违章转弯、违法装载、违法停车、违法掉头、违法滑行、违法变更车道、不按照规定让行、违法占道行驶、违法使用灯光、纵向间距不够、人工直接供油、准驾车型不符、违章操作、违反交通信号、违反交通标志标线、驾驶的车辆机件不符合安全要求、在禁行的时间或者道路上行驶、不按照规定保持安全车距、不按照规定使用安全带等。

三、无证驾驶等严重违法行为的法律责任

1. 无证驾驶应承担的法律责任

道路交通安全法第 99 条第 1 款规定：未取得驾驶证、驾驶证被吊销或者驾驶证被暂扣期间驾驶机动车的，处以 200 元以上 2000 元以下罚款，并处以 15 日以下的拘留。

“无证驾驶”的情形主要有以下几种类型：

(1)未取得驾驶证。未取得驾驶证是指行为人没有通过公安机关道路交通管理部门组织的考试，未取得驾驶证。无证驾驶的本质特征是没有合法的驾驶资格而驾驶机动车。通过非法程序获得驾驶证的也不应当认定为取得了驾驶证。对于虽取得了驾驶证，但是驾驶证表明的准驾车型以外的车辆的，也视为未取得驾驶证。

(2)驾驶证被吊销期间驾驶机动车的。驾驶证被吊销后，当事人在重新申请驾驶证以前处于绝对没有驾驶资格状态，在这种状态下，当事人不得驾驶任何机动车。

(3)驾驶证被暂扣期间驾驶机动车的。驾驶证被暂扣后的规定时间内，当事人也处于没有驾驶资格状态。

除上述三种情形外，下面几种情况也属于无证驾驶的范围：使用失效的驾驶证驾驶机动车的；学习驾驶人违反规定，在没有教练员随车指导的情况下，单独驾驶机动车的；持地方驾驶证驾驶军队、武警车辆的以及持军队、武警驾驶证驾驶地方机动车的；受到几年内不得驾驶运营车辆处罚的驾驶人驾驶运营车辆的。

2. 造成交通事故后逃逸应承担的法律责任

交通事故逃逸，是指在交通事故发生后，当事人明知自己发生了交通事故，不履行法律规定的事故现场义务，为了逃避责任，故意逃离事故现场，不向公安机关报告的违法行为。逃逸行为分为两种：一是人和车在事故发生后均逃离事故现场；二是弃车逃逸，即当事人将车留在现场，而人逃离。肇事逃逸是一种性质恶劣、情节严重的违法行为。

根据道路交通安全法第 99 条第 3 款规定：造成交通事故后逃逸，尚不构成犯罪的，由公安机关交通管理部门处 200 元以上 2000 元以下罚款。而我国刑法规定，交通运输肇事后逃逸或者有其他特别恶劣情节的，处 3 年以上 7 年以下有期徒刑；因逃逸致人死亡的，处 7 年以上有期徒刑。

3. 酒后驾驶机动车应承担的法律责任

道路交通安全法第 91 条规定：饮酒后驾驶机动车的，处暂扣一个月以上三个月以下机动车驾驶证，并处 200 元以上 500 元以下罚款；醉酒后驾驶机动车

的,由公安机关交通管理部门约束至酒醒,处15日以下拘留和暂扣三个月以上六个月以下机动车驾驶证,并处500元以上2000元以下罚款。

饮酒后驾驶营运机动车的,处暂扣三个月机动车驾驶证,并处500元罚款;醉酒后驾驶营运机动车的,由公安机关交通管理部门约束至酒醒,处15日以下拘留和暂扣六个月机动车驾驶证,并处2000元罚款。

一年内有前两款规定醉酒后驾驶机动车的行为,被处罚两次以上的,吊销机动车驾驶证,五年内不得驾驶营运机动车。

这里的“饮酒后驾驶”,是指机动车驾驶人饮用白酒、啤酒、果酒、汽酒等含有酒精的饮料后,在酒精作用期间驾驶机动车的。“醉酒后驾驶”,是指机动车驾驶人饮酒过量,已经处于酒精中毒的状态,神志和控制能力受到严重影响的条件下驾驶机动车。

4. 超载的法律责任

道路交通安全法第92条规定:公路客运车辆载客超过额定乘员的,处200元以上500元以下罚款;超过额定乘员20%或者违反规定载货的,处500元以上2000元以下罚款。

货运机动车超过核定载质量的,处200元以上500元以下罚款,超过核定载质量30%或者违反规定载客的,处500元以上2000元以下罚款。

有前两款行为的,由公安机关交通管理部门扣留机动车至违法状态消除。

运输单位的车辆有本条第一款、第二款规定的情形,经处罚不改的,对直接负责的主管人员处2000元以上5000元以下罚款。

小知识

载质量是指车辆除自身质量外的最大限度的载物质量,也称为车辆的货物净重。

思考题

一、名词解释

1. 公路　　2. 道路　　3. 交通事故

二、简述题

1. 简述交通事故的构成要件。
2. 简述交通事故的认定原则。
3. 简述无证驾驶应承担的法律责任。

参考文献

[1] 张福森. 干部法律知识读本. 北京:法律出版社,2001.

[2] 全国干部培训教材编审指导委员会. 社会主义法制理论读本. 北京:人民出版社,2001.

[3] 本书编写组.《中华人民共和国宪法》学习读本. 北京:中共党史出版社,1999.

[4] 汤达金,王凤芝,王祺国,赵茂荣,孙公幸,梁旭东.《中华人民共和国刑法》简明读本. 北京:法律出版社,1997.

[5] 王会玲. 法律基础教程. 北京:人民交通出版社,2001.

[6] 谷志杰,苗泽青. 道路交通安全法规及管理. 北京:人民交通出版社,2004.

[7] 郑立,王作堂. 民法学. 北京:北京大学出版社,1994.

[8] 高其才. 婚姻法、继承法实例说. 长沙:湖南人民出版社,1997.

[9] 李永明. 知识产权法学. 杭州:杭州大学出版社,1995.

[10] 柴发邦. 民事诉讼法学. 北京:北京大学出版社,1998.

[11] 王轶. 物权法解读与应用. 北京:人民出版社,2007.

[12] 黄河. 案例刑法学. 长沙:中南工业大学出版社,1999.

[13] 阮齐林. 刑法总则案例教程. 北京:中国政法大学出版社,1999.

[14] 刘家琛. 新刑法案例释解. 北京:人民法院出版社,1999.

[15] 杨景宇,李飞. 中华人民共和国治安管理处罚法释义. 北京:中国市场出版社,2005.

[16] 中国法制出版社. 中华人民共和国治安管理处罚法问答. 北京:中国法制出版社,2005.

[17] 中华人民共和国司法部宣传司. 中华人民共和国行政诉讼法讲话. 北京:法律出版社,1990.

[18] 周雁武,毕风. 法律基础. 长春:吉林科技出版社,2005.

[19] 陈桂明. 法律基础知识. 北京:北京师范大学出版社,2004.

[20] 李学寅. 疑难消费纠纷案例析. 安徽:安徽人民出版社,1991.